未経験から
副業・起業で稼ぐ

3ヶ月で月3万円を叶える

# AI時代のWebライター1年目の教科書

著 佐々木ゴウ

日本能率協会マネジメントセンター

# はじめに

私はこれまで何人ものWebライターとしての成功を目指す方の相談に乗ってきました。その中で「Webライターとして初めの一歩がわからず、いまいち動けていない」もしくは「動き始めても全然うまくいかない」人が多いと感じています。さらにはAIが台頭したことで「Webライターの仕事がどんどん消えていくのではないか」と怯えている人も少なくありません。

もちろん、実際にWebライター向けの仕事の中には、AIに取って代わられているものもあります。

そこで、「AI時代にどうやったらWebライターとして活躍できるのか」という悩みを抱える方に向けて、AI時代に役立つWebライターとしての文章術や仕事術、営業術などをまとめました。

不安を感じすぎないよう先にお伝えすると、AI時代だからといってWebライターが終わりを迎えることはありません。むしろ、Webライターを始める人にとって今がちょうどいい時代だとすら思っています。

たしかにAIが出てきたことで「誰にでもできるが、お金は稼げず楽しくもない仕事」はすでに減ってきています。例えば、Webでリサーチした情報をほぼコピペして再構成して書く仕事や、特に成果を求められない代わりに報酬は安く、すぐに契約を切られるような単純な仕事などです。Webライター初心者の頃は、案件の良し悪し向き不向きなどがわからず、「安いけれど、とにかく簡単な仕事」ばかりこなしてしまう人も多いもの。その結果「Webライターの仕事……たしかにできなくはないけど、稼げないしつまらない。これだったらバイトのほうが良いな」と感じてWebライターをやめてしまう人が多い、という構造上の問題がありました。

そして、上記のような誰にでもできる仕事はAIが得意な分野です。なので、割と誰でも簡単に使えるAIによって、単純な仕事は今後もどんどん減っていくでしょう。ですが、そんなつまらない仕事がAIに取って代わるのは別に良いのではないでしょうか。

一方で、「しっかりと成果を出す文章」をAIに書いてもらうのは、それなりに「うまく」AIを使う必要があります。ただ、「うまくAIを使う」のは意外と難しいものです。そのため、人間側の進化が追いつきません。スマホやパソコン、メールやチャットすらまともに使えない人間が多数いる中で、全員がAIを使いこなす未来。そんな未来は幸か不幸か、見えてきません。

つまり、AIのおかげで「誰にでもできる仕事」は激減し、「頭を使って成果のために文章を作る付加価値の高い仕事」が残るようになったと感じています。さらに言えば、「取材や体験をすること」「責任を取ること」など、AIにはその構造上難しいものについては、今後も人間の価値が求められ続けます。

「付加価値の高い、人間としての価値があるWebライターとしてずっと続けられるか、続けたいかどうか」をちゃんと見極めるうえで、「誰にでもできるけど稼げない仕事」に時間とモチベーションを奪われずに、「Webライターの仕事が、自分に向いているかどうか」を早い段階で確認できるようになった。そう考えると、やはり良い時代になってきたと感じます。

そもそも、別に仕事はWebライターだけではありません。本当に求められる内容が合わないのであれば、やめてしまったっていいんです。それが早くわかるのはやはり良いことだと思います。せっかくリスクの低いWebライターの仕事なので、まずはちょっと始めてみてはいかがですか？

この本は、初心者が一歩を踏み出しやすくなるように書きました。1

日２～３時間使えれば１か月以内には無理なく仕事が獲得できるような内容にしています。これまで数千人がうまくいった方法です。

簡単で楽しい内容ばかりではありませんが、成果は出る方法なので、いったん信じてついてきてください。

2024年４月　　　　　　　　　　　　　　佐々木 ゴウ

なお、本書執筆中にもAIの進化が激しく、情報が１か月単位でどんどん古くなる時代にあります。書籍という媒体ではこのAI時代にすぐに「賞味期限」が来てしまうため、最新のAI情報については読者特典受け取り用のメールマガジンで案内します。この本の価値を最大化するために、ぜひご登録ください。

▶読者特典受け取り用メールマガジンはこちら

## 本書の構成

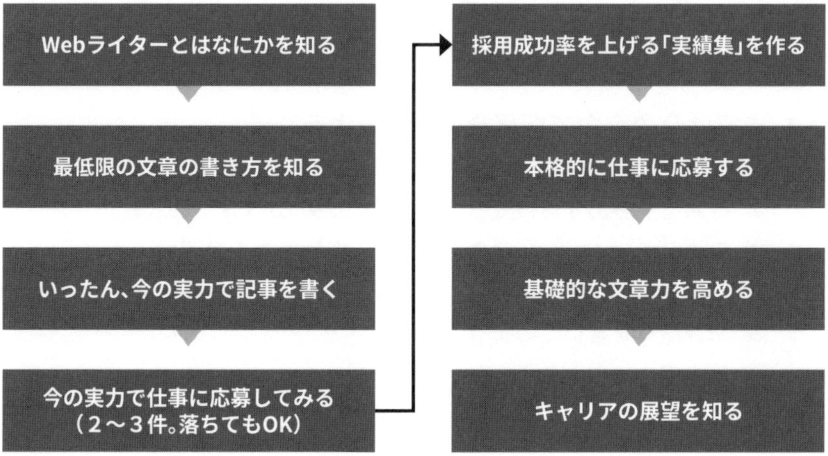
Webライターとはなにかを知る
最低限の文章の書き方を知る
いったん、今の実力で記事を書く
今の実力で仕事に応募してみる（２～３件。落ちてもOK）
採用成功率を上げる「実績集」を作る
本格的に仕事に応募する
基礎的な文章力を高める
キャリアの展望を知る

# contents

## 未経験から副業・起業で稼ぐ
# AI時代のWebライター１年目の教科書

# 3章 ブログを始めよう



# 4章 SEO記事のライティングを始めよう

# 本書の登場人物紹介

浅井

中堅メーカーに勤める26歳。会社での評価は可もなく不可もなく。会社の給料に満足できず、将来の不安もあるので副業を始めたいが、どうしていいかわからない。あまりつらいことはしたくない。怒られるのが苦手で、自信もないのでなるべく石橋を叩いて渡りたい。なお、貯金はない。

ゴウ

会社員時代に将来への不安から副業Webライターを始め、独立。独立後半年で月商100万円を突破。自分がライティングや営業で苦労した際の工夫を言語化してまとめた独自のメソッドをもとに、初心者でも真似のしやすい再現性のある講座を行う。過去、指導したWebライターは3,000人を超える。なお、偉そうだがバツイチ。

1章

# Webライター・Webライティングの始め方

1章-1

# そもそもWebライター・Webライティングとはなにか

浅井 副業におすすめと聞いたので、Web ライターを始めたいんです。文字なら書けますし、僕でもできるかなと思いまして。なにから始めたらいいですか？　というか実は、Web ライターってどんな仕事かもわかっていません。すみません。

ゴウ **わかりました。ではまずは、Web ライターが扱う「Web ライティングとはどういう仕事か」から説明しますね。それにあたり、先に触れておきたいのが「Web メディアが運営されている理由」です。**

## 1 「Webメディアが運営されている理由」

浅井 Web メディアってなんですか？

ゴウ **Web メディアは、ここではいったん「記事を書いて、置いておくための Web サイト」くらいの認識で進めましょうか。例えば、ブログも Web メディアの１つですね。**

浅井 オウンドメディアという言葉も聞くんですが、同じものですか？

ゴウ **そうですね。「オウンドメディア」とは、「会社ブログをかっこよく言った」くらいの認識でいったん大丈夫です。では、浅井さんに仕事を発注してくれるクライアントが、お金や時間をかけてまでインターネット上で Web メディアを運営する理由はなんでしょうか？**

浅井 たくさんの人に読んでもらうため……ですかね？

ゴウ **んー……間違いではないんですが、もう一歩です。読者が読んでくれたらそれで終わりでいいでしょうか？**

浅井 違うんですか？

ゴウ **違います。メディアの運営企業は「みんなが読んでくれた！　喜んでくれた！　やったー！」とボランティアのようなことをしているのではありません。お金や労力といったコストを払ってWebメディアの運営をしている以上、読んでもらう記事を「ビジネス貢献」につなげる必要があるわけです。**

浅井 ビジネス貢献？　なんですかそれ？

ゴウ **簡単に言うと、「自分の会社の利益につなぐこと」です。ほかのパターンもありますが、まずは利益だと思っていただいて問題ありません。**

浅井 わかったようでわかりません……。具体的にお願いします！

ゴウ **利益につながる売上アップを例に考えてみましょう。例えば、クライアントが化粧水を作るメーカーだとします。世の中には化粧水が数多くありますよね。そんな中で、メーカーは消費者に「自社の化粧水」を買ってもらう必要があるわけです。**

浅井　そりゃそうですよね。

ゴウ　**とすると、「うちの会社の化粧水は、ほかの化粧水よりもこんなに良いんですよ」とアピールする必要があります。例えば、「うちの会社の化粧水は独自技術による〇〇成分が入っているので、〇〇な方にもおすすめです」といったイメージです。そして化粧水の商品ページを見に来てもらい、最終的に購入してもらいます。**

浅井　なるほど。ブログからネットショップに連れていくイメージですかね。

**クライアントは売上を伸ばしたい**

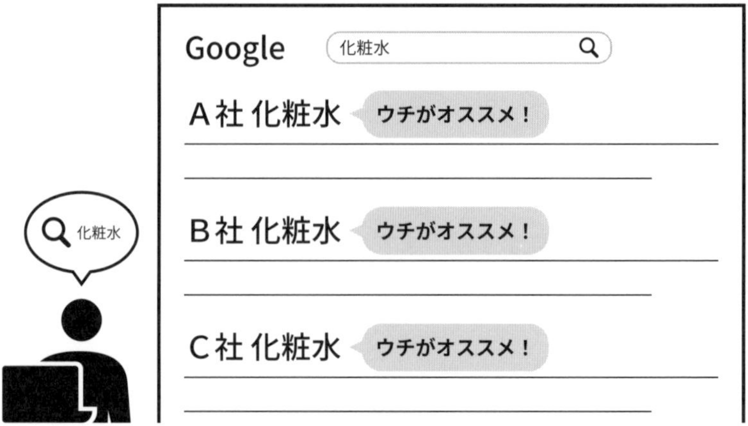


**Webで情報を探す人に商品やサービスを紹介し、**
**最終的に購入してもらいたい**

ゴウ　**この例ではそのとおりです。しかし、考えてみてください。商品が化粧水だったら、その場でポチッと買えるかもしれませんが、例えば、1,000万円の法人用の会計システムだったらどうでしょうか。**

浅井　ポチッと軽々しくは買えないですね……。

ゴウ　**その場合は、営業担当が商談を進めて最終的に購入してもらうわけですね。では、このお客様はどうやって探すのか。会計システムに興味があるかすらもわからない相手に無差別にテレアポや飛び込み営業をしても、当然なかなかうまくはいきません。**

浅井　昔ですが、テレアポをしたら電話口でいきなり怒鳴られて、布団から出られなくなったことがあります。

ゴウ　**しんどい。ここで、Web メディアの出番です。Web メディア上で「法人用の会計システム」に興味がありそうな人をうまいこと集めて、そこに来た読者にこれまたうまいことアプローチができれば、効率的に受注まで持っていけそうですよね。この Web メディア上のコンテンツを作るために、Web ライティングという仕事が大活躍します。**

**Web メディアで見込み客を集める**

**Web メディア**

**Web メディアを経由して**
**自社の商品に興味がありそうな人を集める**

浅井 なんかそれなら怒られないで済みそうです。

## 2 Webライティングのメリット

**ゴウ 改めて、どうしてWebライティングに興味を持ったんですか？**

浅井 こう言うと怒られるかもしれないのですが、「一生文章で生活していきたい」というほどじゃなく、「やりやすそうだった」から副業としてはいいんじゃないかなと思って選びました。

**ゴウ お、いいですね。まずお伝えしたいのが、副業において「やりやすいってすごく良い」ということです。腰が重いと、なかなか副業に向けて本格的に動けないですよね。**

浅井 ずっとそんな状況でした。

**ゴウ でも、その「動かない」時間というのは、「会社など本業に全部の時間を投資している」と言える状況です。別に「副業こそが最高！」と言いたいわけではありませんが、少なくとも副業を検討している段階において「なにも動かない」というのはおすすめできません。そもそも、合わなかったらやめればいいだけですし、やらないと「合うのかどうか」すらもわかりません。だからこそ、最初に動きやすいものから攻めるのは吉だと思います。**

浅井 そう言われると安心します！　副業の中でも、Webライターから始めるのって、正直どう思いますか？

ゴウ　結論、おすすめです。まず、「お金をもらいながら幅広いジャンルに詳しくなれる」という点が魅力です。Web ライティングの過程では自分の頭から書くだけでなく、幅広く調査して書くことになります。なので、意外なところから興味のあるジャンルに出会えることも多いんです。

浅井　例えば、どんなことがあるんですか？

ゴウ　私自身、Web ライター駆け出しの頃に書いた「壁」についての記事から、壁の中に使う断熱材に興味をもち、その知識をもとに自分の車を断熱のために DIY して、DIY が楽しかったのでそのまま移動販売車を作る。そしてその DIY の経験から、車関係の記事を書く……といった流れでジャンルを広げてきた過去があります。

浅井　そんなルート、あるんですね（笑)。ただ正直なところ、ほかの副業の選択肢も捨てきれていなくて……。

ゴウ　それでも「いったん Web ライター」がおすすめです。Web デザインや Web 製作など、気になるほかのジャンルについて書く仕事を獲得すれば、お金をもらいながら調査できるからです。取材で最前線の方の話を聞くこともできます。

浅井　Web ライターをしながらほかの副業に詳しくなれる……。

ゴウ　そうです。それからもう１つおすすめしたい魅力は、「文章力は、別ジャンルに行ったときにも、とても強力な武器になる」ということです。例えば、浅井さんが最終的に Web デザイナーになったとしましょう。そして、Web サイトをデザインする仕事が来たとします。

**当然 Web サイトに文字が不要なんてことはほぼありません。すると、Web サイトを作る過程で中身を書く仕事が出てきます。一般には Web ライターに依頼をしますが、もし自分で文章を書ければ、ほかの人に頼む分の仕事も自分のモノです。**

浅井 たしかに……。

ゴウ **しかも、デザインもライティングもできます！　というワンストップの仕事はすごく報酬の単価が良くなりやすいんです。クライアントからしても、1人に一気に頼めるのは楽だからです。「Web ライティングが得意な Web デザイナー」というポジションが取れると、それだけで仕事に事欠かなくなると思います。**

浅井 でも、そう聞くと、Web ライティングだけでなく、ブログで同じことができるのでは？　という気がしますが、どうです？

## 3 ブログよりもライティングの理由

ゴウ **もちろんブログも OK です。ただ、以下の理由で最初は Web ライターがおすすめです。**

①早い段階で「報酬」が得られるから、続けられる
②締め切りがあるから、だらだらしづらい
③相手も本気だから、良質なフィードバックを受けられる

### ❶ 早い段階で「報酬」が得られるから、続けられる

ゴウ **まず「報酬」です。お金に限らず、感謝の声や成果など、なにかしらの「嬉しいこと」がないと、なかなか副業は続きません。本**

**業がある以上、副業は「別にやらなくても生活できる」からです。この点、ブログだと初期のうちは読まれもしないので、初期の「報酬」が得られにくいもの。私もそれで失敗したことがあります。一方で、Web ライターであれば、少なくとも納品した分のお金が得られるわけです。この報酬は、金額が低かろうが副業を続けるうえで非常に重要です。**

浅井 たしかに、誰からも反応がない。しかもお金ももらえない。そんな中で、普段の本業が終わった後に眠い目をこすって作業をし続ける……。これは心が折れそうです。

### ❷ 締め切りがあるから、だらだらしづらい

ゴウ **次が「締め切り」の効果ですね。Web ライティングにはお客さんがいるので、必ず締め切りがあります。「必ず期日までにまでに納品しないといけない」という強制力があるということです。一方、ブログは、出さなくても誰も困りませんね。そのため、だらだらしてしまう。あるいは完璧な記事を出そうと執筆に何週間とかけてしまって、「いつまでも執筆が終わらない」ということがよく起こります。**

浅井 たしかに、締め切りがないとずるずる進めてしまいそうです。

ゴウ **そもそも、どう頑張っても「100点満点の記事」などというものは作れません。時間があればあっただけ、見直したら見直しただけ、無限に直したくなるもの。ベテランの Web ライターでも同じことを言います。だからこそ、納期のあるライティングがおすすめです。**

### ❸ 相手も本気だから、良質なフィードバックを受けられる

ゴウ **３つ目は、「本気の、良質なフィードバックを受けられる」ところですね。**

浅井　どういうことでしょうか？

ゴウ　**自分のブログだと、誰かに記事のフィードバックを受けることって基本的にありませんよね。「知り合いや家族に読んでもらいましょう」なんていうノウハウもありますが、あれ、できます？　正直な話、私自身も昔ブログを書いていたとき、そんなこと、なかなかできませんでした。じゃあ専門の人に相談してみよう……と思うと今度はお金がかかってしまいます。でもWebライターの立場だと、これがどうなると思いますか？**

浅井　……クライアントに添削してもらえる？

ゴウ　**そうなんです。自分の書いた文章に対して、フィードバックをもらえるんです！　Webメディアの編集者は、成果を出すためにWebライターにお金を払って、仕事を依頼しています。そして、最終的な記事の質はその編集者の責任になります。だからこそ、作る記事に対しては「本気」なんです。だって、その成果は自分のお給料に関わってきますからね。**

浅井　たしかに！　気がつきませんでした！

ゴウ　**そんな本気の編集者の本気のフィードバックを受けられる。しかもお金をもらいつつ、ですよ？　そもそも今後なにをするにしても「文字で誰かになにかを伝えること」は避けられません。この点、Webライターの仕事をすると、その根幹の部分を鍛えられるわけです。その「文字で伝える能力」を磨くには、伝えようと懸命に試行錯誤して、誰かからフィードバックを受けるのが大事です。それをですよ？　お金**

**をもらいながら受けられるんですよ？　しかも、リサーチの過程でいろいろなジャンルに詳しくなるという。もはや「ズル」といって過言でない。そんなことができるのが、Web ライティングなんです。**

浅井　あれ、なんだかどんどんやりたくなってきました。

**ゴウ　最初に Web ライティングを試すのはすごくおすすめです。ただ、方法を間違えると、ずっと最低賃金以下の報酬で働くことになりかねません。そうならないための「レシピ」をお伝えするために、この本を書き始めました。**

浅井　レシピ！

## 4 本当にWebライターは今からでも遅くないのか

浅井　ただ、Web ライターになるって今からでも間に合うんでしょうか。たくさんの Web ライターさんがすでに活躍していますし、もう手遅れで案件にありつけない……なんてことはありませんか？

**ゴウ　大丈夫です。まだまだ Web ライターは必要とされていますし、そもそもそんなに多くのクライアント数は必要ありません。**

### ❶ 市場の飽和はしていない

**ゴウ　まず１つ目が、Web ライターがまだ足りていない。つまり、市場は飽和していないという点ですね。「Web ライターが増えたから、もう仕事がないんじゃないか」と悩む人は多くいます。しかし、市場の飽和はしていません。むしろ全然人手が足りていません。**

浅井　意外です。Web ライターになりたい人もたくさんいるし、「全然仕事が取れない」みたいなのも SNS で見かけたので、とっくに飽和していると思っていました。

ゴウ　**Web ライターはたしかに増えています。しかし、本書でお伝えするような「ビジネス貢献の視点を持ち、クライアントのマーケティングを考えて活動できる Web ライター」は非常に少ないです。さらにジャンルごとの専門性がある人となると、市場にはほとんどいません。**

浅井　出た！　ビジネス貢献！　聞いてみると当たり前な気がしますが、なぜそういった Web ライターは少ないんですか？

ゴウ　**これは、「自社のメディアに合ったデキる Web ライター」であれば、企業がどんどん囲い込んでしまうからです。その結果、市場にはデキる Web ライターがほとんどいなくなります。これが永遠に「Web ライターが足りない」と言われ続ける理由です。**

浅井　囲い込みですか……。そんな構造になっているんですね。

ゴウ　**しかし、ここで強くお伝えしたいのは、足りないと言っても「文字が書ける Web ライターなら誰でもいい」わけではないということ。クライアントが求めているのは、「報酬を払い続ける価値のある Web ライター」です。執筆した記事で成果を出せる Web ライターともいえます。マーケティング視点などを兼ね備えた、成果につながる記事が書ける Web ライターは引く手あまたです。むしろ仕事が多すぎて断っている人がたくさんいます。**

## ❷ そもそもクライアント数はそんなにたくさん必要ない

ゴウ　２つ目の観点は、「そもそもクライアント数はたくさん必要ない」ということです。浅井さん、Webライターとしてまとまったお金を稼ぐためには、たくさんの会社のお仕事を請けなくてはいけないと思っていませんか？

浅井　はい。そう思ってますけど、違うんですか？

ゴウ　実はWebライターだからといって、何十社もの記事を同時に扱うみたいな仕事量をこなす必要はないんです。たしかに最初のうちは、経験や実績を得るために数多くのクライアントから仕事を受ける場面もあります。でも、継続してお付き合いができるクライアントの数が増えてきたら、あとは単価を上げていけば、ある程度の収入を確保できるんです。

例えば、１社につき５記事を書くとします。その場合、３～４社もクライアントがいれば毎月20記事です。それくらいの執筆記事がある程度の報酬単価であれば、ある程度の生活費は十分に稼げるはずです。そこから単価が上がればゆとりも手に入ります。

浅井　へえー、そうなんですね！

ゴウ　低単価な案件数をむやみに増やしていくと、１件１件に手が回らなくなって、クオリティも落ちていくので、やめた方がいいです。そもそも１日は24時間しかないので、自分が抱えられる案件数にも上限があるはずです。クライアントの抱えすぎは正直おすすめしません。

**クライアント数は３～４社で OK**

| クライアント | | 記事数 | | 記事単価 |
| --- | --- | --- | --- | --- |
| ４社 | × | ６記事 | × | 10,000円 |

▼

売上

**240,000円**

## 5 AIの台頭は怖くない

浅井　今からでも遅くないということはわかりました。ただ、今後のことを考えるとどうでしょうか？　AI ツールも増えてますし、文章を書く仕事ってどうなっていくのか気になります。

ゴウ　**お気持ちわかります。私もよく「人間の Web ライターはもういらないのでは？」という質問をもらいます。ただ、結論から言うと、まだまだ人間の Web ライターは必要とされます。というのは、AI は脅威である一方で、構造的な弱点を抱えているからです。**

### ❶ AIは責任を取れない

ゴウ　**まず、AI にできないのが「責任を取ること」です。例えば、AI が作成した記事でなにかしらのトラブルが発生した場合、その責任を AI 自体に取らせることはできませんよね。**

## AI は責任が取れない

**AI が作成した記事でトラブルが発生しても、
AI は責任が取れない**

浅井　たしかにそうですね。

ゴウ　**では、人間の Web ライターが執筆した場合はどうでしょうか？**

浅井　責任を取るのは、Web ライターとか記事のディレクターとかでしょうか？

ゴウ　**そうですね。あとは編集者や監修者など、記事に直接関わった人に責任が発生します。つまり、人間が書いた記事は、「AI と違って責任を取らせた感じを出しやすい」わけです。「責任の所在がはっきりしないものを出すわけにはいかない」と考える企業が多いのも、納得がいくと思います。**

浅井　AIを使うことによる責任の所在……考えたこともなかったです。

ゴウ　**そういうわけで、今後考えられる未来としては２つあると思っています。１つは、「今後も責任の所在がハッキリしている人間のWebライターにお願いし続ける未来」。そしてもう１つは、「AIに任せられるところは任せつつ、最後の責任の所在をハッキリさせるため、チェックで人間を立てて記事を作る未来」です。いずれにしても人間は必要で、社会的な責任のある企業の発信において、Webライターのような記事の内容や文章を見られる人が完全に排除されることはないと思います。**

### ❷ AIは一次情報を取得しにくい

ゴウ　**もう１つ、AIができない・苦手なのが「一次情報の取得」です。「一次情報」というのは、取材や自身の体験から得られる、自分の手と足で直接得た情報のことですね。**

浅井　取材！　僕でもできるんでしょうか……。

ゴウ　**取材と聞くと、浅井さんのように身構える人も多いんですが、ぜひ肩の力を抜いてください。「記事を書くために必要な情報を集める場」と捉えると、気持ちもラクに向き合えると思いますよ。**

浅井　あれ、でもAIにしゃべらせることで取材はできませんか？

ゴウ　**いい質問ですね。たしかに「AIに取材をさせることそのもの」はいろいろな方法で可能です。ただ、私が取材を受ける立場の人に話を聞いてみると、「AIに向かってしゃべる・書くのはテンションが**

上がらない」と答える人が多いんです。

浅井 たしかに、かっこいいカメラに囲まれて、プロのインタビュアーに「今日は浅井さんの話が聞きたかったんです！」と言われるからこそ時間を取る気になるんですよね。AI に「お好きなときにお答えください」では、時間を取る気にすらならなそうです。大事にされている感じがしません。

ゴウ **「AI に聞かれるんだったら答える気がしない」と、お酒を飲みながらほろ酔いで語っていた高名な年配の方もいました。**

## 6 AI時代の攻略法

浅井 Web ライターとしてもまだまだ遅くないし、AI も脅威ではないし、なんだか僕でも成功できそうな気がしてきました！

ゴウ **必要以上に Web ライターの仕事や AI の脅威を怖がることはないと思います。ただ、今後、AI が私たちの予想を遥かに超える進化を遂げるかもしれません。先々のことをなにも考えずになんとなく Web ライターの仕事をするのは危険だと思います。備えられることは、ぜひ今のうちから備えておきましょう。**

**具体的に、AI に対抗する手段は２つです。「AI をうまく活用した Web ライターになること」と「AI が苦手なことを自分の得意分野にすること」です。**

### ❶ AIをうまく活用したWebライターになること

ゴウ **まず大切なのは、「AI をうまく活用した Web ライターになること」です。ここで断言しますが、AI は敵ではありません。むしろ武器です。うまく扱えるようになれば作業効率も上がって、収入も増えるはずです。なので、積極的に AI に触り続けることが重要だと思い**

ます。記事の執筆に行き詰まったら、いや行き詰まらずともぜひ使ってみてください。

浅井 はい、うまく使うようにしていきます。

ゴウ 「AI をうまく活用できるスキル」は、確実に Web ライターに必要なスキルの１つになってきます。AI を発想のタネにして記事をグレードアップさせたり、記事の執筆時間を短くするのに使ったりなど、Web ライター側の活用スキルによって、生産性に大きな差が出てきます。AI の活用可能性は無限大です。AI を敵対視せずに、むしろライティングのいい相棒になるような付き合いができるといいですね。そのためにも、まずは、普段の質問を AI にしてみるような簡単なところから AI に触れていくのがおすすめです。

## ❷ AIが苦手なことを自分の得意分野にすること

ゴウ 次に大切なのは、「AI には苦手なことを自分の得意分野にすること」です。これも先ほどお話ししましたが、「一次情報の取得」などがそれにあたりますね。

浅井 取材、ですね。

ゴウ そのとおりです！　だいぶ要点がつかめてきましたね。具体的な取材の考え方や方法論については、拙著『デジタル時代の実践スキル Web ライティング』で詳しく説明しているので、ぜひ読んでください。「AI 以下」の品質で仕事をすれば、AI に淘汰されてしまいます。そうならないよう、先々のことも考えて、取材技術を身につけるなど、準備を進めていきましょう！

# AI時代における Webライターの活躍の幅

ナイル株式会社　青木 創平

column

AI に文章執筆を任せられるようになり、Web ライター不要論がささやかれています。しかし、私たちのような発注している側としては、今後も Web ライターさんを頼っていきたい気持ちに変わりはありません。なぜなら、Web ライターさんは、「文章以外の貢献」がとても大きく、この価値は今後も AI に置き換えらないと感じているからです。

例えば、記事の企画です。私たちナイル株式会社は、BtoB（法人向け）のオウンドメディアを運用しており、質の高いコンテンツを提供するためにすべての記事で企画会議を行っています。会議には、執筆担当の Web ライターさんにも参加してもらい、現場の人間と意見交換をしてもらって、記事に独自の価値や深みを持たせています。仮に、Web 広告の記事を書くなら、広告運用経験のある Web ライターさんと広告運用を担当している社員とで話し合い、生々しい体験談を盛り込むという具合です。

**クライアント目線で感じる「AIとWebライターの意見の違い」**

| AI の意見 | Web ライターの意見 |
| --- | --- |
| ・Web 情報をもとにした二次情報<br>・一般論寄り | ・Web 情報をもとにした二次情報<br>・共感しやすい<br>・AI にはない深みや面白さがある |

もちろん、AI にも意見を求めることはできますが、AI の回答は基本的にその AI が手に入れられる Web 情報などをもとにした二次情報なので、どうしても一般的な話になりがちです。一方、現場経験のある Web ライターさんの意見は、実体験にもとづく一次情報で具体度も高

いです。そのため、共感しやすいエピソードだったり、すぐに真似ができるレベルのテクニックが出てきたりと、AIには出せない深みや面白さを記事に持たせることが可能になります。

深みや面白さのある記事は、ほかの類似サイトにはないようなオリジナリティあふれるコンテンツに仕上がるので、読者の役に立つのはもちろん、Googleの評価も高くなります。これは、AIと比べて大きなメリットだと思っています。

また、Webライターさんによる「能動的な提案」も、AIには置き換えられない、大きなメリットです。AIの場合、上手に聞き出しにいかないと良い提案が出てきませんが、ビジネスに貢献する観点を持ったWebライターさんは、「これはメルマガに転用できるんじゃないですか？」といった感じで鋭い提案を上げてくれます。

実際に、Webライターさんが、記事や取材の内容をいろんなコンテンツに展開してくれるのは、ビジネス的な意義も大きく、貴重でありがたい存在だと感じます。

> ※著者注：Webライターのビジネス貢献については、「1-1 そもそもWebライター・Webライティングとはなにか」などで紹介されています。

AIに仕事を奪われる時代とも言われますが、これまでの人生経験を活かして、ビジネスのパートナーとして協力してくれるWebライターさんであれば、需要がなくなるとは到底思えません。

依頼をする私たちとしても、文章だけでなくビジネスでの貢献もしてくれる方と、ぜひ一緒にお仕事がしたいですね。

---

**ナイル株式会社　青木 創平**

同社マーケティング担当。大規模データベース型サイトなどのSEOプロジェクトや、サービスサイトにおけるオウンドメディアマーケティングなどを手がける集客のスペシャリスト。SEO書籍を2冊出版するほか、YouTube「ナイルTV / WEBマーケティング相談室」のパーソナリティとしても活動中。

2章

# Webライター・Webライティングの第一歩

2章-1

# まずは今の実力で記事を書いてみよう

浅井 Webライターになるためには、なにから始めたらいいのでしょうか？

**ゴウ とにかく「まずは記事を１つ書くこと」です！　勉強してからじゃないの？　と思うかもしれませんが、まずは書いてみてください。**

浅井 どうしてでしょうか？

**ゴウ そもそも文章を書く仕事が「自分に向いているか」を確認してほしいからです。実際に文章を書いてみると「つらくて仕方がない」なんてこともありえます。さんざん勉強してから始めてみたら不向きだった……なんてつらいですよね。なので、まずは今の実力で文章を１つ書いてみるのがいいと思うんです。**

浅井 なるほど。でも、未経験なので不安です。まずは勉強したほうが良い文章が書けると思うのですが……。

**ゴウ お気持ちはわかります。でも、今の実力で書いたほうがいい理由がもう１つあって。それは、知識に引っ張られて書きにくくなるのを防げることです。実は、「意外と勉強しなくてもうまく書けちゃう」ことがあります。勉強なんてしなくても今の実力で十分に良い記事が書けてしまった……みたいな感じです。**

**でも、書くまえにたくさん勉強して知識を詰め込んでしまうと、「あの本に書いてあったことと違う気がするけど大丈夫かな？」と無性に気**

になるところが増えて、かえって書けなくなる人が結構います。

## 1 これだけは避けたい！ 初心者がやりがちな「自分語りの日記」

浅井　じゃあ、なんでもいいから書いてみるのが良いですね！

ゴウ　**あ、今の実力で書くとはいえ、最低限「これだけは押さえてほしいポイント」もあるんです。ちょっとこの文章を読んでみて、なにがダメか考えてみてください。**

> こんにちは！　僕は佐々木！　千葉の田舎に住んでる30代バツイチだよ！　バッツルというマッチングアプリで出会ったひろこちゃんと盛り上がって晩ごはんを食べたんだ！　そういえばまえにマッチングしたとしこちゃんからも連絡がきていたなぁ。

浅井　で？　だからなに？　と思いました。

ゴウ　**はい。クライアントが求めるのは「ビジネス」に貢献してくれる記事、つまりは、「読者に役立つ記事」のはず……。**

## 2 成果を生み出すお役立ち記事を書くための「タメアの公式」

浅井　では、その「読者の役に立つ記事」を書くにはどうすればいいんでしょうか？

ゴウ **それがこれからご紹介する「タメアの公式」を使って執筆をすること。つまり、「ターゲット（誰に）」「メインメッセージ（なにを）」「アクション（どうしてもらいたいのか）」の３つを整理してから文章に起こすことです。**

浅井 タメアの公式！　必要な要素の頭文字から名づけているんですね。具体的にどういう意味なんでしょうか？

ゴウ **タメアを理解するために、「そもそも役に立つとはどういうことか」をお伝えします。まず、「役に立つ」ということは、必ず「なにに悩む、誰にとって」という「ターゲット」があるわけです。**

浅井 どういうことですか？

ゴウ **例えば、転職について「転職先が少なすぎて選択肢がない・千葉の田舎に住んでいる30代」と、「転職先が多すぎてどこを選べばいいかわからない・東京のど真ん中に住んでいる20代」では、「役に立つ情報」は違いそうですよね。だからこそ、「(なにに悩む）誰に」というのが最初にものすごく重要です。**

浅井 「結婚の大変さ」というテーマだとして、ターゲットをバツイチのゴウさんにしても意味ないですもんね。詳しいですからね。

ゴウ **あー浅井さん、急にサラッと刺してくるタイプでしたか……。なるほど。でもそのとおりです。悲しくないです。次に行きますか。「アクション」です。ここで「クライアントが求めるアクション」を設定することで、「クライアントに」役に立てるようになります。**

浅井 こんがらがってきました……。

ゴウ **クライアントがメディアを運営するのは、売上アップなどのビジネス貢献のためでしたね。とすると、「売上アップにつながるなにか」を記事に置く必要があります。例えば、「購入」というボタンがなければ、読者は購入というアクションをしようがないです。**

浅井 要は「クライアントの利益につながるアクション」なんですね！

## 3 3ステップ！タメアの公式に沿って執筆する手順

浅井 よくわかりました！　早速実践してみたいのですが、具体的にタメアの公式はどう使っていったらいいのでしょうか？

ゴウ **使い方は簡単で、①アイデアをまとめて、②整理してから、③書く、というわずか3ステップでできます！**

### ❶ステップ1：タメアの公式に沿って書く内容を整理する

ゴウ **まずは、タメアの公式に沿って整理しましょう。手書きでもExcelでもなんでもOKです。「ターゲット」「メインメッセージ」「アクション」の3つの項目に内容を書き出してみてください。**

| | |
|---|---|
| ターゲット | 幸せな再婚をしたいが、出会いのなさに悩む、30代バツイチ |
| メインメッセージ | バッツルというバツイチ向けのマッチングアプリを使ったら出会える |
| アクション | バッツルに登録してもらう |

ゴウ この時点ですでに「再婚をしたい30代バツイチ」に役に立ち、クライアントの「バッツル」の売上につながる記事になりそうな感じがしませんか？

## ❷ステップ2：タメアの公式をもとに内容を箇条書きにしてみる

ゴウ タメアができたら、いざ本文へ……といきたいところですが、そのまえにおおまかな内容を箇条書きで整理しておきましょう。いきなり本文を書き始めると、思考が取っ散らかったり、細かい表現にとらわれたりして、結局時間がかかりやすいものです。そのため、先に箇条書きで骨組みを作っておきます。

- 再婚したい30代のバツイチとして自己紹介
- 出会いがなくて困っていた話
- バッツルというマッチングアプリを始めたら出会いが増えた
- 何人かとはディナーにまで行けた
- 毎日連絡を取る人もできた
- バッツルでパートナーを探してください
- 今ならキャンペーン中

### ❸ ステップ3：箇条書きをもとに記事にしてみる

ゴウ　箇条書きの用意ができたら、実際に記事として仕上げていきます。今回はこんな感じで書いてみました。

> 30代バツイチの佐々木です。なかなかいい出会いがなくて困っていました。
> ただバッツルというマッチングアプリを始めたら、僕でもたくさんの人と出会えたんです。すでに何人かとディナーに行っていて、毎日連絡を取る人も現れました。
> バッツルのおかげで、寂しさもなくなり、毎日が充実しています！　みなさんもバッツルでパートナーを見つけてみませんか？　今なら、初月無料みたいですよ。
>
> **バッツルに申し込む**

ゴウ　どうでしょうか？　「バッツルというマッチングアプリを使うと何人もの人と出会える」という情報はわかりますよね。表現の改善の余地はあるものの、バツイチで再婚をしたい読者にとっては、いくらか役に立つ記事になったと言えるのではないでしょうか。

## 4 「タメアの公式」を使う際のポイント

浅井　タメアの3つを考えるコツとかポイントはありますか？

ゴウ　わかりました、それぞれ順番にお答えしますね。

### ❶「ターゲット」は具体的に考える

ゴウ　まず「ターゲット」は、「〇〇したいが××に悩む△△な人」くらいまで具体的に考えましょう。このまま穴埋めで考えてもいいと思います。よく「××に悩む人」くらいのざっくりとしたイメージで納得してしまう人がいるのですが、これだと不十分です。執筆で「どんな人なのか」「どうしたい人なのか」によって、大きく記事の方向性が変わってしまうからですね。

| | | |
|---|---|---|
| どんな人か | ・新宿または渋谷に住んでいる<br>・未婚<br>・20代 | ・千葉の田舎に住んでいる<br>・バツイチ<br>・30代 |
| どうしたいか | とにかく遊びたいから出会いが欲しい | 幸せな再婚をしたいから出会いが欲しい |

ゴウ　人の多い新宿や渋谷に住む人と、人の少ない千葉の田舎に住む人とでは、出会いの確率や出会える人数などがまったく違いそうですよね。さらに、未婚とバツイチ、20代と30代でも違いがありそうです。このように「どんな人か」によって「どう伝えればその人に響く文章を書けるのか」だけでなく、「なにを伝えるべきか」も大きく変わるわけです。

さらには、「どうしたい人か」もターゲットを考えるうえで重要です。同じ30代バツイチ男性でも、「すぐにでも幸せな再婚をしたいから出会いを求めているバツイチ男性」と、「今はとにかく遊びたいから出会いを求めているバツイチ男性」とでは、「なにを伝えればその目的を達成できそうか」など、伝える内容も大きく変わってくるはずです。

ターゲットはとにかく具体的に考えること！　ここが大事です。

### ❷「メッセージ」は１つに絞って考える

ゴウ　次に「メッセージ」ですが、こちらはメッセージを１つに絞って考えるのがポイントです。特に、初心者のWebライターが陥りやすいのが、たくさんの話題に触れようとしちゃうこと。話題が多すぎると、メッセージをまとめるのが極端に難しくなってしまうんです。例えば、2つのターゲットに向けたいからといって、こちらの2つのメッセージを両立させた記事を書くのって、かなり難しいと思いませんか？

1. 30代バツイチはお金も体力もある自由の身。まずはたくさん刺激的に遊んで享楽にふけりましょう
2. 30代バツイチには残された時間は少ない。幸せな再婚をしたいなら、すぐに真面目な出会いを探そう

ゴウ　前半で「享楽にふけりましょう」と書いてあったら、まるで私のような、そう私のような真面目な出会いを求める人間は、読むのをやめてしまいます。

浅井　ここ、マーカーいります？

ゴウ　Web上の記事の読者は「自分には別に関係のない内容だ」と感じれば、すぐにそのページから離脱してしまうわけです。もちろん絶対に両立はできないというわけではありません。ただ、非常に難易度が高いのは間違いないです。

特に記事を書き慣れていないときこそ、文章量が少なくなってもいいので、伝えたい「メッセージ」を1つに絞り切って記事を書きましょう。事前に「この記事で記事のターゲットである○○に一番伝えたいことは××」とメモしておいて、それを確認しつつ文章を書いていくのがおすすめですよ。

### ❸「アクション」はクライアントへのビジネス貢献から考える

ゴウ　最後の3つ目は「アクション」ですね。さて、ここで改めて考えてみていただきたいのが、「なぜクライアントはWebライターにお金を払うのか」です。浅井さん、なんででしたっけ？

浅井　えーっと、先ほどおっしゃっていた、自社のサービスの登録だったり相談だったりを売り込みたいから、でしょうか？

ゴウ　**おっしゃるとおりです！　Webライターが記事を書くときに意識するべき「アクション」とは、多くが「購入・申し込み・問い合わせ」を指します。言い換えると、売上などの観点でクライアント企業のビジネスに貢献するような読者の行動のことです。くどいのは自覚していますが、あまりに大事なので、何度も言わせてください。**

## 5 早速記事を書いてみよう

ゴウ　**さて！　学びすぎてもダメなので、お勉強はここらへんにして、早速、執筆に取りかかってみましょう！**

### 1 商品レビュー記事を書いてみよう

浅井　まずはなんの記事を書いたら良いでしょうか？

ゴウ　**お試し執筆としておすすめが「商品レビュー記事」です！　なぜなら、書きやすいうえにWebライターとしての需要もあるからです。「自分が買ったものの中で良かったもの」をテーマにしてみてください。全力でおすすめしてみましょう。**

浅井　それなら書きやすそうな気がします！　「需要がある」とはどういうことですか？

ゴウ　**クライアントの売上アップに貢献する記事の多くは「買ってもらうための記事」でしたね。だから、自分が買ったことがある商品をおすすめして、読者に買ってもらおうとする記事をクライアントは見てみたいものなんです。**

浅井 なるほど、納得しました！

ゴウ ということで、読者が「買いたくなるような記事」を目指して、なにか１つ執筆してみましょう！　このとき、「良かった」といった感想だけでなく、「なぜ良かったのか」「ほかの類似商品と比べてどうか」など、ターゲットが知りたそうな情報を盛り込むようにしてくださいね。自分だったらどんな情報があれば買いたくなるかな？　と、自問自答してみてください。セールスライティングのテクニックよりも、まずは、「自分が買った理由」をきちんと書くことです！

浅井 わかりました！　が、なんの商品を選ぼうかな……。

ゴウ 商品選びで悩んだときは、なるべく最近購入した商品やサービスを選ぶのがおすすめです。そもそも記憶が鮮明なもののほうが書きやすいですし、あまり古い商品を紹介しても、「読者が買いたくなる記事」になりにくいものだからです。

### ❷タメアに沿って記事の骨子をまとめてみよう

ゴウ では、早速書いてみましょう。まずは、執筆の準備からです。自分が買って良かったものを思い出しながら「タメア」から埋めていきましょう。

| | |
|---|---|
| ターゲット | 商品をおすすめしたい人<br>（商品を買うまえの「過去の自分」） |
| メインメッセージ | こんな悩みや問題を抱えている人には、<br>この商品がおすすめ |
| アクション | この商品の購入 |

**ゴウ** タメアを作ったら、早速文章を書きたいところですが、我慢して箇条書きで読者に伝える内容を考えることが大事でしたね。なので、つなぎや順番なども気にせずに、まずは箇条書きしましょう。順番や表現なんて、あとからいじれば OK です。

**浅井** 箇条書きの時点では本当にざっくりでいいんですね！

## 6 箇条書きを考えるのが難しいと思ったら

**浅井** タメアを埋めてみたものの、それ以外の情報をどう埋めたものか悩み始めました。

**ゴウ** そんなときは、ライティングで有名な PREP（プレップ）法を進化させた「PiREmPa（ピレンパ）」をチェックリスト代わりに使ってください。以下、前提から説明しますね。

### 1 PREPに沿って執筆する

**ゴウ** まず、前提となる PREP を紹介します。

**PREP とは**

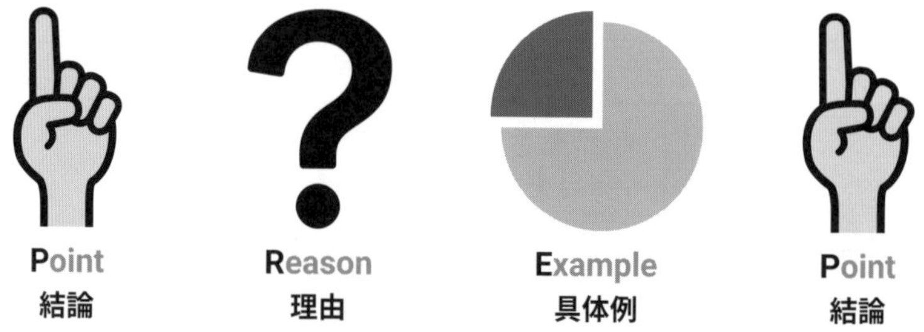


PREPはわかりやすい文章の型

**ゴウ** **これに沿って先ほどの記事を埋めるとこのようになります。**

P：バツイチがモテて幸せな再婚をしたいなら、バッツルを使おう
R：バッツルには結婚願望の強い人がたくさんいるし、バツイチが優遇される
E：実際、何人もバツイチが幸せな再婚に成功している
P：バツイチがモテて幸せな再婚をしたいなら、バッツルを使おう

浅井 おお、わかりやすくていいですね！

**ゴウ** **はい、一見すると良さげですよね。しかし、実はこれだけではNGでして。以下の部分で読者を置き去りにして進めてしまっているからです。**

| | |
|---|---|
| 結論に対する説明が不足 | 「バッツル」とは？　に答えられていない |
| 次の行動が不明確 | で、どうすればいいの？　に答えられていない |
| ゴールにつながらない | （クライアント目線で）バッツル申し込みへの導線は？　に答えられていない |

**ゴウ** **そこで、上記の不足を埋めるのに、PREPに「Information（補足）」「Method（具体策）」「Action（メディアが期待するアクション）」の3つを追加します。**

浅井 なんかかっこいいですが、それぞれどういうことでしょう？

### ❷ Information（補足）で、読者を置いていかないようにする

**ゴウ** **まず、Information で結論に関する補足をします。さっきは「バッツル」の存在を当然のごとく話を進めていましたが、よく考えると、読者は「いやそれ知らん」となっているはずです。**

**浅井** 知らない言葉で進みそうな場合、僕なら即「戻る」ボタンですね。

**ゴウ** **これは「想定読者が知らなそうな言葉」を使うときに重要です。ただ想定読者なら知っていそうだったら、この補足はなくても構いません。あくまで読者を置いていかないためだからです。**

### ❸ Method（具体策）で真似できるレベルに落とし込む

**ゴウ** **次に Method で、読者が読んだ１秒後に行動し始められるレベルまでノウハウを噛み砕いてください。そうでなければ「で、どうすればいいの？」となってしまいます。**

**浅井** 記事を読んでいて「結局どうすんねん」と思ったこと、数知れずです。しかたなく、ほかの記事を見に行きますね。

**ゴウ** **メディア側からすれば、まさにそれがもったいなくて。せっかく読者を集めることができて、文章をしっかり読んでもらえたのに、「で、どうすればいいの？」と、読者がほかの記事に行ってしまう。いやもう本当に、こんなもったいないことはありません。**

**浅井** とはいえ、「どうしてもすぐにできないアクション」しか思いつかないときはどうしたらいいですか？　例えば、「パソコンを安く買うなら、家電量販店の特価コーナーを探しましょう」と書くような場合です。記事を読んでいた時間が、すでに家電量販店の営業時間外だったり、お店自体が遠かったりしたら、「１秒後」にアクションする

ことはできませんよね？

ゴウ **たしかに、リアルでなにか行動する必要がある場合など、「１秒後」が難しい場合もありますね。そんなときは、「あわせてすぐに考えておくとよい内容」を考えるのがおすすめです。本来、なにかの行動をするまえには、「なにか考えること」があるはず。パソコンを家電量販店で買う例でも、パソコンを買うのであれば、その人にとって必要なスペックなどを考えるべきです。**

浅井 たしかに、別に「とにかくお得なパソコンならなんでもいい」ってわけじゃないですもんね。そしたら、こんな感じに書くのはどうですか？

> お得なパソコンの買い方は〜〜です。
> ただ、購入の前に改めて考えてほしいことがあります。それが「そもそも自分にとって必要なスペックはなにか」ということ。
> いくら相場よりもお得にパソコンが買えたとしても、能力（スペック）が不足していたら絶対に満足できません。
> だからこそ、今の自分にとって必要なパソコンのスペックをきちんと考えましょう。

ゴウ **おおお。かなりいい感じに書けましたね！　ただ、実はもう少し考えてほしい点があるんです。それは「きちんと考えましょう」という部分。**

浅井 え、ダメですか？

ゴウ **「きちんと考える」ってなんでしょうか？　それってどういうふうにしたらいいですか？**

浅井　あーそういうことだったら、当たり前なんですけど、「動画編集などの重たい作業をするかを考える」「外で持ち運ぶかを考える」などなど、考える項目があるんですよ。

ゴウ　**それ、書かないと読者にはわかりませんよね。自分とは知識が違う相手を読者とするんだから、相手は浅井さんの「当たり前」がわからない前提で考えるんです。**

浅井　あ……。

ゴウ　**ということで、こういった言葉が出てきたときには要注意です。**

| |
|---|
| 頑張る、気をつける、注意する、丁寧にする、きちんとする |

ゴウ　**「それで本当に読者が自分で考えることができるのか」まで考えてみてください。**

### ❹ Action（メディアが期待するアクション）で目標につなぐ

ゴウ　**読者のことを中心に考えるべきではあるものの、「クライアントの利益」がおろそかになるのは絶対にNGです。わからなければ、最初はクライアントに相談すればOKなので、「この記事で、どんなアクションを読者が取ってくれたら嬉しいですか？」と聞いてみてください。そして、それを達成するような記事を作っていくわけです。**

浅井　わかりました！

ゴウ　**このように、Information（補足）、Method（具体策）、Action（メディアが期待するアクション）の３つを踏まえたもの。これが「PiREmPa」です。**

| | | |
|---|---|---|
| Point | 結論 | その記事を通して一番言いたいこと |
| information | 補足 | 結論に対する補足や説明 |
| Reason | 理由 | 結論を導き出した理由や根拠 |
| Example | 具体例 | 結論や理由に対する具体策 |
| method | 具体策 | 実際に行動に移すための具体的な方法 |
| Point | 結論 | その記事をとおして一番言いたいこと |
| action | 行動 | メディアが期待するアクション |

ゴウ　**ここまでの内容をもとに、先ほどの「バッツル」で考えてみます。**

浅井　あ、まだそのバツイチのためのマッチングアプリ引っ張るんですね。

ゴウ　**あと６章引っ張り続けると思ってください。**

P：バツイチがモテて幸せな再婚をしたいなら、バッツルを使おう
i ：バッツルとはバツイチが優遇される○○なアプリ
R：バッツルには結婚願望の強い人がたくさんいるし、バツイチが優遇される
E：実際、何人もバツイチが幸せな再婚に成功している
m：バッツルの使い方は△△

P：バツイチがモテて幸せな再婚をしたいなら、バッツルを使おう
a：バッツルへのお申し込みはこちら

ゴウ　**こちらは、あくまで基本の型です。表を埋めたあとは、必ずこれで問題ないかを自問自答してみてください。枠を埋めることに必死になって、全体の整合性が取れていないと、型を使っても納得感の薄い記事になってしまうからです。PiREmPa については拙著『デジタル時代の実践スキル Web ライティング読者が離脱しない、共感＆行動を呼ぶための最強メソッド』でもかなり詳しく紹介していますので、詳しくはそちらを読んでください。**

**なお、可能であれば、必要に応じて下記を追加してみるのもおすすめです。**

・メリット、デメリット
・注意点
・使って気がついた点
・購入後しばらくしての感想

ゴウ　**ご自身が買って良かったと思うものに対して「買ってどう良かったのか」を具体的に思い出しながら、より「商品やサービスを購入したくなる」ように考えてみましょう。**

## ❺ AIは使わない？

浅井　ところで AI は使わないのですか？

ゴウ　**使える部分は多々あります。でも、まだ使いません。AI はあくまで道具です。そもそも道具を使う人が、なにが正しくてなにが間違っているかを理解できていないと、道具を正しく使いこなせません。なので、最初は、自分で書き、スキルを身につけましょう。**

# 早い段階で営業していくことが大事

浅井　１本記事を書いてみて、Web ライターとしてきちんと仕事を始めたい気持ちになりました！　ただ、自分の実力にまだ自信がもてないです。いつ、仕事への応募を始めるべきでしょうか？

ゴウ　**答えは、「なるべく早く。ただし、サンプル記事を用意してから」です。**

## ① すぐに営業を開始したほうが良い２つの理由

ゴウ　**まず、なるべく早く営業を開始するべき理由には、「営業開始の明確な基準が存在しえないこと」「営業をあと回しにするほど動きにくくなること」の２つがあります。**

**すぐに営業を開始したほうが良い理由**

**営業開始の明確な基準は存在しえない**

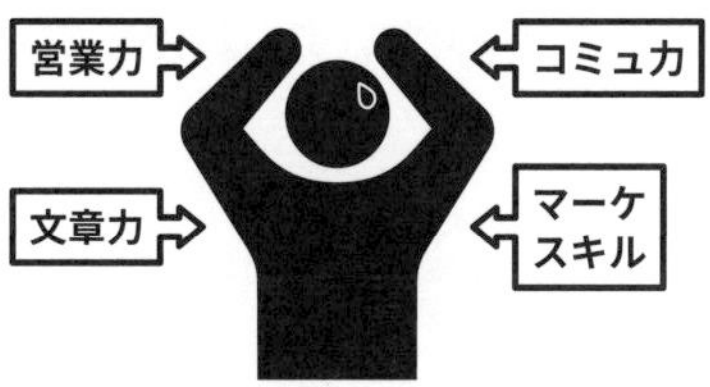


**営業を後回しにするほど動きにくくなる**

### ❶ 営業開始の明確な基準は存在しえない

ゴウ　ちょっと考えてみてください。いったい自分がどのレベルになったら営業を開始していいと思いますか？　そして、その「レベル」はどうすれば明確になると思いますか？　そもそも、1つ1つの文章について、読み手も違えば、評価も変わるはずです。それなのに「明確な基準を作る」なんて本当にできるのでしょうか？

浅井　たしかにそうですね。なかなか答えが出ないです。

ゴウ　Web ライターとしての仕事の発注に目を向けてみると、「このレベルで採用」かどうかは発注者によって大きく変わります。実際、「見せてもらった文章が読みにくくても、その人ならではの経験が盛り込まれているので採用」ということもあれば、「文法が間違っているので、即 NG」ということもあります。はたまた「スキルも知識もいま一歩だが、急いで Web ライターを補充しないといけないので採用」なんてこともあるんです。

これは言い換えると、「今のあなたの文章・知識のレベルで、もう十分に仕事が取れるかもしれない」ということでもあります。営業をしないということは、今の時点でも取れていた仕事や獲得できた機会を棒に振ってしまうわけです。わからないのに捨てるのはもったいない。

浅井　それはもったいないですね……。

ゴウ　「このレベルなら営業開始 OK」という保証はどこにもないのです。なので、仕事を獲得するためには、早くから営業を開始することをおすすめします。もちろん、文章力や知識のレベルアップを軽視するわけではありませんよ。ただ、「ありもしない基準」を求めて、ずっと「お勉強と反復練習」を続けることは避けてほしいんです。

浅井　どういうことでしょうか？

ゴウ　**１人で頑張っている分には誰にも文句も言われないし、他人に評価もされないですよね。そんな「安全圏での勉強と練習」は楽しく、続ければレベルアップする実感もあるので、居心地が良いものです。しかし、居心地が良いと、ついついそこばかりを頑張ってしまうもの。でもそれでは、いつまでも仕事の獲得はできません。趣味だったら止めないんですけどね。なのでまずは動きましょう。**

### ❷ 営業をあと回しにするほど動きにくくなる

ゴウ　**もう１つの理由は、営業はあと回しにすればするほど腰が重くなってしまうことです。Web ライターになるための勉強を始めると、自分に足りない部分がなんとなく見えてきます。皮肉なことに学習を進めれば進めるほど、「私には Web ライティングのスキルがないな……」と自分の実力不足が目につくようになるということです。**

**そして、自分の実力不足を感じれば感じるほど、「まだまだ実力のない私なんかが仕事を開始するのは、早すぎるのではないか」という考えが頭をよぎり、営業に後ろ向きになってしまうのです。**

## ２ 実力がわかるサンプル記事を用意する

ゴウ　**営業はすぐに開始したほうが良いとお伝えしましたが、最低限の準備は必要です。それが、「サンプル記事の準備」です。そのメリットは大きく分けて３つ。**

①採用率アップ：Web ライターとしての実力をわかりやすく伝えられるので、採用率があがること
②継続率アップ：先に実力を示すことで、採用後に期待値のズレからの解約が減ること

③安心：自分の実力以上の案件を獲得しないで済むので、安心して営業活動を進められること

### ❶ 採用率アップ：Webライターとしての実力をわかりやすく伝えられるので、採用率があがること

ゴウ まず、サンプル記事を用意する大きなメリットは、「採用率が上がること」です。そもそもクライアントが Web ライターを採用する際に見る大きなポイントは、「クライアントが求めているレベルのライティングができるかどうか」です。「サンプル記事」は、そこで参考にされます。「サンプル記事」は、クライアントに「私はこんな感じの文章を書くことができます」と示すための記事のことです。これは Web ライターとして納品した記事でなくても問題ありません。それこそ「ブログの記事」などもサンプル記事になります。むしろ、ブログの記事のほうがあなた以外の編集の手が入っておらず、ありのままの今のライティング力が見えて良い！　と思うクライアントも多いです。

浅井 そうなんですね！　ブログでいいとは思いませんでした。

ゴウ 要は、「私は今、こんなレベルのライティングができます」と伝えられる記事をクライアントに見せて、採用されやすくしましょうということです。書いた記事がなにもないのに、「私にはこれくらいのライティング力があります！」と知らない人から言われても、説得力はありませんよね。クライアントに Web ライターとして仕事を頼まれるためには、判断材料になる「サンプル記事」は必要不可欠です。

### ❷ 継続率アップ：先に実力を示すことで、採用後に期待値のズレからの解約が減ること

ゴウ サンプル記事を用意するメリットの２つ目は、「今の実力を示すことで、がっかりされないで済むこと」です。ライティングの仕

**事を獲得したあとにつらいのは、「実力以上の期待をクライアントに持たれてしまい、それに応えられないときにがっかりされること」ではないでしょうか。そこで重要なのが、「現在の実力を示すことで、期待値コントロールをすること」です。**

浅井　期待値コントロール。なんだか大事そうですが、どういう意味でしょうか？

ゴウ　**簡単に言うと、クライアントに過剰な期待を持たせないようにすることです。クライアントが「この Web ライターさんはこれくらいのレベル」と期待したのに、そうでなかったときにがっかりされてしまいます。この「期待値のズレ」を起こさないために、自分の実力で作成した「サンプル記事」を見せましょう。**

浅井　もう少し詳しく聞かせてください。

ゴウ　**説明のために雑に数値化しますが、「ライティングレベル」なるものがあったとして、それが仮に「3」だったとします。そして、クライアントが求めているライティングレベルが「9」だったとしましょうか。見せようと思っているサンプル記事が、過去にどこかのメディアで書いたものである場合、基本的には編集者がついているはずです。ここでついた編集者が敏腕で編集の力でライティングレベル「＋6」の文章ができ上がったとします。その結果、自身のライティングレベルは「3」であるにも関わらず、サンプル記事のレベルは「9（3＋6）」になってしまいました。そして、このサンプル記事を見たクライアントは、ライティングレベル「9」を想像して採用します。**

浅井　しかし、実際のレベルは「3」なのですね。

## サンプル記事で起こる期待のズレ

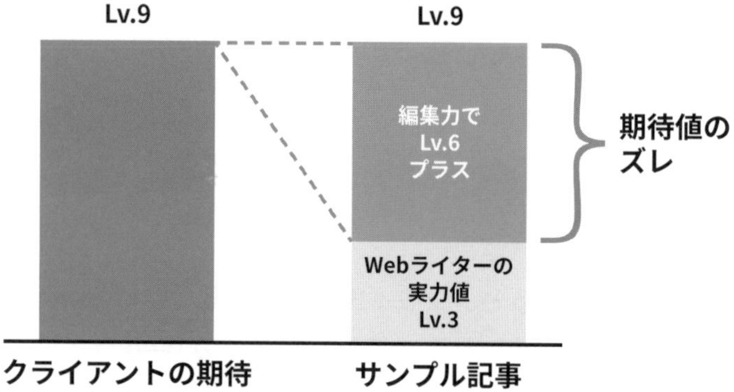


### ❸ 安心：自分の実力以上の案件を獲得しないで済むので、安心して営業活動を進められること

**ゴウ** サンプル記事を用意する最後のメリットは、「安心して営業活動を進められること」です。仕事を始めるには、営業が必要ですが、「営業＝怖い」と思っているとなかなか動けません。では、そもそも営業を怖く思うのはなぜだと思いますか？

**浅井** 怒られたくないから、でしょうか？

**ゴウ** はい。まさに私がそうでした。そこで考えたのが、今回の自力サンプル記事の用意です。怒られるとしたら「クライアントが思うレベル」に達していない記事を納品したときがほとんどだと考えまして。だから、先に「私のレベルはこんなもんだよ。それでも良ければ発注してね」という仕組みにしたわけです。クライアントも明確に判断しやすくなるので、みんなハッピーだと思います。

2章-3

# どこに応募するか

## 1 どこで営業するのか

浅井 「どんどん営業をしよう」とお話を聞いて、早速、サンプル記事も用意しました。でもどこで営業したらいいのでしょうか？

ゴウ **例えば、以下のようなところで仕事が獲得できます。**

**仕事獲得先**
・クラウドソーシングサイト
・メディア
・SNS
・求人サイト
・代理店（Web 制作会社など）

### 1 クラウドソーシングサイト

ゴウ **クラウドソーシングサイトとは、お仕事のマッチングサイト（仲介をしてくれるサイト）のことです。お仕事をお願いしたい発注者が働き手を募集し、登録している働き手が働きたい案件に応募し、各種選考が進み、お互いの条件が合えば採用です。**

**個人的には、初めはクラウドソーシングを使うことをおすすめします。これは、Web ライター未経験でも応募 OK の案件が多数あるためです。また、クラウドソーシングでは、Web ライターを募集しているクライアントの評価を見ることができます。この評価とは、実際にその**

**クライアントと一緒に仕事をしたWebライターからの「良かった点・良くなかった点」です。いわゆるクチコミですね。良いクチコミが多いクライアントであれば、安心して応募することができます。**

浅井　それはいいですね！

ゴウ　**また、初心者Webライターにとって怖いのが、クライアントとのトラブルです。例えば、発注者が音信不通になったり、報酬未払いのままになったりしたら困りますよね。しかし、その場合、クラウドソーシングの運営事務局が解決に向けてサポートしてくれることがあります。以上の点から、初心者Webライターでも安心して仕事を獲得できるクラウドソーシングは非常におすすめです。**

※著者注：クラウドソーシング内のメッセージでやり取りするなどの条件もあります。「なんでもサポート」ではないのでご注意ください。

### ❷ メディア

ゴウ　**浅井さんはインターネットで記事を読みますか？**

浅井　はい、ゲームが好きなので攻略記事とかよく読んでいます。

ゴウ　**もし、普段から見ているメディアがある場合は、そのメディアに直接応募することもおすすめです。**

浅井　でも、初心者Webライターが直接メディアに問い合わせしちゃって大丈夫なんでしょうか？

> **メディアとは**
> 企業や個人が運営する情報発信のためのWebサイトのこと。「ブログ」と思っておけばOK。例えば、キャンプ好きに向けたメディアであれば、「おすすめのキャンプ場を紹介する記事」や「新商品を紹介する記事」などが掲載されている。

ゴウ **不安に思うかもしれませんが、問題ありません。ただ、初心者であるなら、営業先のメディアの「テーマ」に関しての基礎知識や経験などがあると、うまくいきやすいです。キャンプが趣味であればキャンプの基礎知識や経験がすでにあるので、キャンプについては詳しいだろうと思ってもらえて採用してもらえるということです。**

浅井 僕もゲームメディアにアタックしてみようかな。

ゴウ **ただ、このメディアへの問い合わせをする際にも注意点があります。それは、「営業連絡への返信がなかったり、断られたりしても落ち込まないこと」。というのも、かなり「運ゲー（運任せ）」だから。前述のクラウドソーシングは、Webライターを募集したい人だけが集まっている状態ですが、メディアの場合、Webライターを募集しているとは限りません。さらには、皆さん忙しいので、返事もないことがほとんどです。**

浅井 う、たしかに……。

ゴウ **でも落ち込む必要はありません。結婚と一緒で、仕事でもご縁やタイミングの問題でうまくいったりいかなかったりします。「20件応募して、1件仕事につながれば御の字」くらいの期待値でいましょう。すぐに仕事につながらなくても、次の営業を気にせず進めてくださ**

い。もちろん、サンプル記事の充実などは進めておくべきです。

**メディアへの直接営業は当たれば御の字**

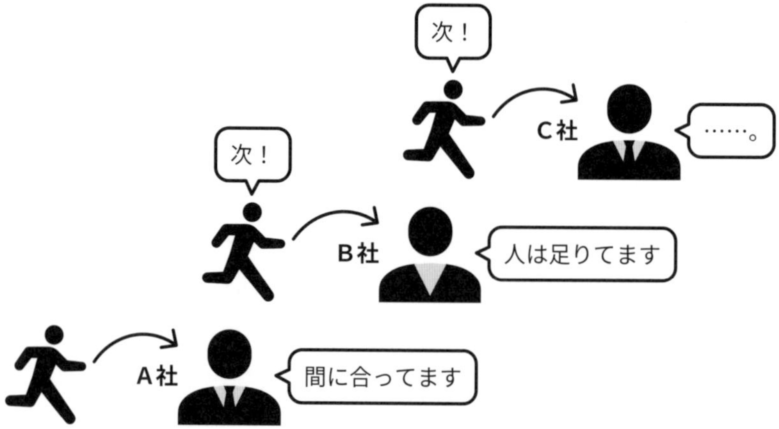
次！
C社
……。
次！
B社
人は足りてます
A社
間に合ってます

**ダメでも気にせず次の営業をしよう**

### ❸ SNS

ゴウ　SNSから応募する方法もあります。実はSNSでWebライターを募集することはよくあることです。この場合はSNSでの投稿内容に条件などが載っているので、それに合わせて応募しましょう。試しに「Webライター募集」などで検索してみてください。

浅井　結構簡単にできるんですね。今実際に検索してみたら、たしかにヒットしました。

ゴウ　とはいえ、SNSでの応募には大きなデメリットがあります。それは、契約関係が曖昧なケースが多いことです。クラウドソーシングであれ、後述の求人サイトであれ、基本的には契約書をきちんと結んで進みます。ただ、SNSでは互いの素性がわからないまま仕事ができてしまう分、その辺が曖昧なまま進む場合もあるんです。

浅井 契約書とかもなく進む場合もあるんでしょうか？

ゴウ **契約書のないまま進む場合があるのも事実です。そして、そのせいでトラブルに巻き込まれることもあります。例えば「5万円分納品したらクライアントと音信不通になった」みたいなパターンも聞きますね。数万円だと、訴訟にかかるお金・時間・精神的コストに見合わずに泣き寝入りになることが多いんです。**

浅井 えええ……怖いですね。

ゴウ **とはいえ、普段のSNSの投稿からなんとなくのクライアントの人柄を見ることができる点は安心です。一緒に仕事をする人がどのような人なのかは、気になるポイントですよね。普段のSNSをチェックしたうえで応募できるのは、大きなメリットといえます。「Webライターに対して妙に厳しい意見が多い人の仕事は受けない」、もしくは、「成長のためにあえて受ける」のように、事前情報をもとに自分で選べるわけです。**

浅井 いやいや、絶対に優しい人がいいです!!!

### 4 求人サイト

ゴウ **Webライターの仕事も、ほかの仕事と同様に求人サイトで正社員の募集がされています。執筆経験がない人がいきなり正社員になるのは難しいですが、アルバイトや契約社員だったら結構あるので、そこで経験を積むのもおすすめです。**

浅井　そこからキャリアアップも目指しやすそうですね！

ゴウ　特に「研修などの環境」を求める場合に、求人サイトを利用するのがおすすめです。さらに正社員であれば「来月で終わり」という可能性は低いため、安定感が増します。ただし、フリーランスと違って仕事や同僚、お客さんを選びにくいのは、デメリットかもしれません。ちなみに、フリーランスや副業専用の求人サイトもあります。

## 正社員求人で働くメリット・デメリット

メリット
安定した環境で仕事ができる

デメリット
仕事や同僚、クライアントを選べない

### 5 代理店（Web制作会社など）

ゴウ　代理店への営業は中級者以上におすすめなので、この場では簡単に紹介します。が、うまくいくと、「どんどん仕事が入ってくる状態」をつくり出せるので、まずは知識として持っておいてください。ちなみに私は、現在新規案件の９割以上が代理店経由です。

浅井　すごい。僕には遠そうですが、どんなものなのでしょうか？

**ゴウ　簡単に言えば、ほかの会社に代わりに営業してもらって、ライティングの部分を引き受けることです。例えば、Web サイトの制作会社が、会社概要が載っているような「会社のサイト（いわゆるコーポレートサイト）」を作るとします。ここで、例えば「社長の声」が必要になったとしたら、それを取材して文章にする必要がありますよね。ここを手伝います。または、制作会社が「オウンドメディア」を作るとしたら、記事制作までセットで受注してもらって、その記事制作部分を引き受ける。そんなイメージです。**

**中級者以上になると代理店経由の案件獲得も**

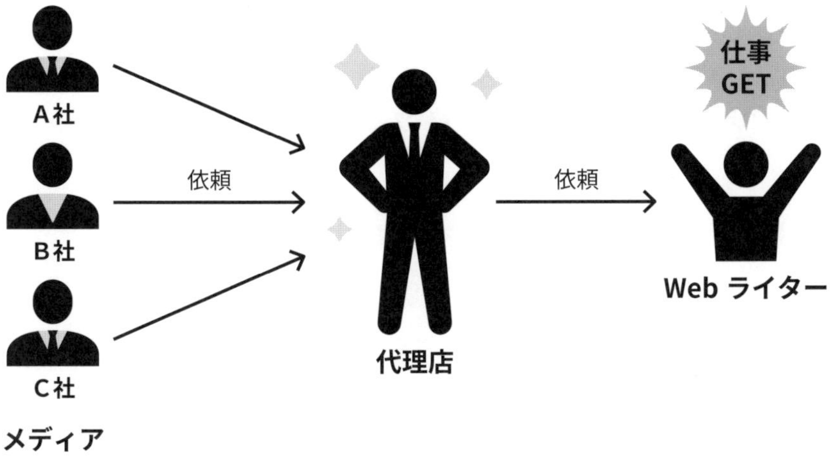


浅井　なんだかお得すぎる気もしますが、Web 制作会社も Web ライターを探してるんですか？　お抱えの人がいそうですが……。

**ゴウ　たしかに、お抱えの Web ライターがいる可能性は高いです。ただ、その人が引き受けられなくなったり、得意分野じゃなかった**

**りすることもあるもの。そのため、Web 制作会社はリスクヘッジとして多くの Web ライターを探していることがよくあります。**

## 2 初心者におすすめなのはクラウドソーシング

浅井 いろいろありましたが、結局どれがいいんでしょうか。

ゴウ **個人的に初心者 Web ライターにおすすめなのは、最初に紹介したクラウドソーシングですね。初心者でも応募 OK の案件が多く、クチコミという形で実績づくりをしやすい点が、メリットとしてとても大きいです。Web ライターに限らず「未経験者」は、どの仕事でも採用されにくいもの。経験者に頼んだほうが教育コストを抑えられるからです。したがって、ライティング経験のない Web ライターがすべきことは、「いち早く未経験者から脱すること」といえます。そのためには、やはり実績がつくりやすいクラウドソーシングがおすすめです。**

浅井 でも、クラウドソーシングは報酬が安いイメージがあります。

ゴウ **たしかに、かなり安い単価で募集をかけている案件も散見されます。でも、ご安心ください。クラウドソーシング内で実績を積むほど、「未公開案件のスカウト」が来るようになります。未公開案件は、驚くような高単価で依頼される場合もあるので、やはり、まずはクラウドソーシングがおすすめです。**

**単発の案件でお試し的に働くことができるので、一緒に働く仲間も選びやすいですし、いろいろなジャンルを主体的に体験できるメリットもあります。駆け出しの Web ライターにとってはこれが一番大事ですね。**

# 2章-4 クラウドソーシングサイトでの仕事の探し方

## 1 クラウドソーシングサイトは仕事のマッチングサービス

ゴウ　改めて、クラウドソーシングサイトとはどんなものかを説明しますね。クラウドソーシングサイトとは、オンラインでの仕事マッチングサービスのことです。

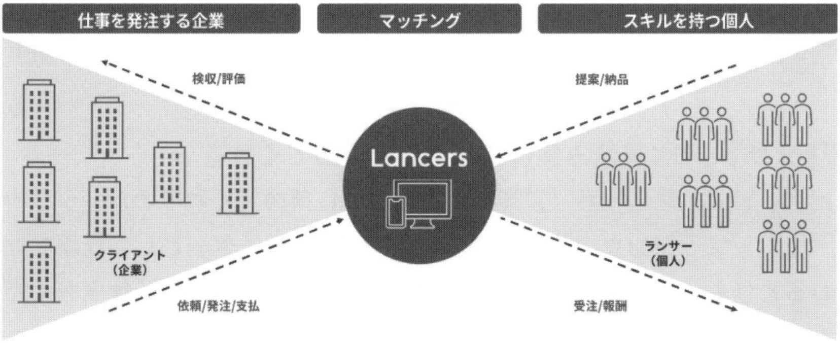


出典：ランサーズ株式会社「サービス概要」　https://www.lancers.co.jp/ir/management/model/

ゴウ　発注者は、ライティングの仕事の募集をする。そして、Web ライターは、仕事に応募する。発注者は複数いる応募者の中から採用者を決める」

　これが、クラウドソーシングでよくある流れです。また、Web ライターが自分のできることを掲載しておくことで、発注者が Web ライターを検索画面から探して個別に声をかけるといった採用方法もあります。

## ❶ なんで最初におすすめなのか

浅井 どうして、初心者Webライターにはクラウドソーシングサイトがおすすめなのでしょうか？

ゴウ **前節でお話した以外の話だと、下記４つがあります。**

- 見込み客（営業相手）を集めてくれる
- 実績や専門性がなくても仕事を取れる
- 契約や金銭トラブルの心配が減る
- 無料（成功報酬）で使える

ゴウ **ここまで話してきたことと重複する部分もありますが、それぞれ詳しくお話ししていきます。**

## ❷ メリット１：見込み客（営業相手）を集めてくれる

ゴウ **まず、見込み客（営業相手）を勝手に集めてくれるのが、クラウドソーシングの強みです。自分がWebライターとして仕事を始めるときに、自分で営業しなければなりません。ですが、「仕事をください」と言いにいく相手はいますか？**

浅井 たしかに、そんな相手はいないです……。

ゴウ **そう、多くの人にはかなり難しいことだと思います。一方で、クラウドソーシングには仕事を発注したい人がたくさんいます。自分が「仕事をください」と言うと喜んでくれる営業相手が大量にいる時点で、とても価値のある場所です。**

### ❸ メリット2：実績や専門性がなくても仕事を取れる

ゴウ　クラウドソーシングには実績や専門性がない未経験者でも採用される仕事があります。報酬は安いですが、数は豊富です。

浅井　未経験とはいえ、格安の仕事ばかりをするわけには……。

ゴウ　もちろん「格安の仕事でずっと頑張れ」というわけではありません。実績やスキルや自信をつけた先はもっと良い条件の仕事を探します。

### ❹ メリット3：契約や金銭トラブルの心配が減る

ゴウ　契約や金銭トラブルが、直接契約に比べて少ないことも、クラウドソーシングがおすすめの理由です。フリーランスになると、契約書を用意する必要がありますが、クラウドソーシングには「これを使ってね」という専用の契約書があります。自分でいちいち契約書を用意したり、クライアントが出した契約書を見てどうこうしたりというのをあまり気にしなくて済むのは、メリットの１つです。

浅井　それはいいですね！　便利そうです！

ゴウ　また、クラウドソーシング運営企業がWebライターと発注者の間に入って、支払いや報酬の受け取りなどを代行してくれます。例えば、発注者がクラウドソーシングに１回お金を預けておいて、そこからWebライターにお金を支払うという仕組みが基本です。万が一クライアントが途中で音信不通になった場合も、運営事務局に伝えると代わりに支払ってくれたり、相談を受けてくれたりします。もちろん、毎回うまくいくわけではありませんが、相談できる場所があるかないかはとても大きな違いですよね。

### ❺ メリット４：無料（成功報酬）で使える

ゴウ　クラウドソーシングは基本無料で使えますし、利用手数料も成功報酬型です。例えば、「１本１万円の記事作成」の仕事を獲得した場合、発注者に納品をして「支払い」となった時点で、初めてクラウドソーシングとしての手数料が発生します。逆に言うと、仕事を獲得してから納品するまでの間、１円もお金は取られません。これはすごくお得なサービスではないでしょうか。

## ２ よく言われるデメリット

ゴウ　もちろん、クラウドソーシングにはデメリットもあります。

### ❶ デメリット１：手数料がかかる

ゴウ　クラウドソーシングサイトでは、だいたい５～20%の手数料が取られます。それなりの金額を報酬から引かれることになるということを、あらかじめ認識しておく必要があります。高いと思われるかもしれませんが、ほかの人に営業を代行してもらうなら、手数料を支払うのが通常です。この点、見込み客を集めてくれて、さらにはトラブルの起きにくい仕組みや対応のサポート、評価が蓄積する仕組みもあると考えると妥当ではないでしょうか。

### ❷ デメリット２：競争が激しい

ゴウ　クラウドソーシングはこれだけ便利なサービスなので、競争が激しいというデメリットもあります。

浅井　となると、仕事も取りづらいのでしょうか？

ゴウ　いいえ、実はそんなことはありません。真摯で真面目なWebライターにとっては「本当にライバルになる相手」は全然多くないんです。

浅井　もう人が多すぎて無理かと思っていたのですが、どういうことですか？

ゴウ　ほとんどの人が仕事募集に対してまともに応募ができていないからです。応募時には自己PR（提案文）が必要になります。ただ、この質があまりに低いんです。低いというのも、自己PRを「使い回し」、もしくは、「仕事の募集文を読んでいないようなもの」がほとんど。実際に発注してみると、80〜90%がまともな応募をできていません。発注してみればわかりますが、正直かなり悲惨です。

浅井　そうなんですね……。

ゴウ　はい。なので、ライバルになる人はかなり少ないです。発注者は、「しっかり自己PRしてくれた人」と「コピペで自己PRした人」「雑な自己PRの人」は簡単にわかります。だからこそ、ちゃんと自己PRすれば、競争はそこまで激しくないというのが事実です。また、仕事が始まっても妙に高圧的だったり、指摘を受け入れられなかったり、そもそも納期に遅れたりするWebライターがたくさんいます。そのため、「普通にちゃんとやり続ける」だけでも、十分継続を狙えます。

### ❸ デメリット3：単価が安い

ゴウ　クラウドソーシングには、単価が安い案件もあれば高い案件もあります。公開されている仕事はたしかに安いものが多いものの、Webライターを始めたばかりの状況を考えると十分なものもあります。単価の高い仕事に応募が集中しますが、先述のとおり、ほとんどはライ

**バルになりません。さらに、実績を積んでいくと、公開されていない非公開案件と呼ばれる仕事も来るようになります。この非公開案件は条件が結構良いものが多くて、１記事あたり数万円などの場合もあるんです。**

## 3 どこのサイトを使えばいいのか

浅井　クラウドソーシングサイトってたくさんありますが、どこを使うのがおすすめでしょうか？

ゴウ　**とりあえず、悩んだら下記の２つに登録しておきましょう。どちらも業界大手のクラウドソーシングサービスです。**

- クラウドワークス
- ランサーズ

ゴウ　**この２つを選ぶ理由はシンプルで、「仕事が多いから」です。そもそも案件の質（単価や条件）は、体感で言うと各社頑張っているのであまり差はありません。そこで重要になってくるのが、案件の多さです。仮に、いい仕事の割合が１％であるとすると、募集の母数が１万件あれば、100件はいい仕事がある計算になりますよね。**

浅井　でも、大手のサイトだと、応募者であるWebライターも多いんじゃないですか？

ゴウ　**たしかにそうですが、先ほどお話ししたとおり、雑に自己PRする人もたくさんいるので、大手のサイトでも思ったほど競争が激しくなるわけではありません。とすると、数が多いほうがいい仕事に出会える可能性は高まるわけです。**

浅井　では、クラウドワークスとランサーズ、どちらに登録すると良いでしょうか？

ゴウ　**これは間違いなく両方に登録するのがおすすめです。いい案件があるかはほとんどすべてがタイミングしだいなので、いかに多くの案件を眺められるかが勝負です。だからこそ、両方のサイトを毎日、できれば数時間置きに眺めておいてください。私自身もそうしていました。**

## 4 初心者Webライターにおすすめな案件の探し方

ゴウ　**次は、初心者 Web ライターがクラウドソーシングで効率的に仕事を探す方法を紹介します。大きく分けて、次の４つがポイントです。**

①プロジェクト案件
②新着案件
③文字単価１円以上
④経験・興味

### 1 プロジェクト案件

ゴウ　**１つ目は、プロジェクト案件です。まず、クラウドソーシングにある仕事の形式から説明します。こちらの画像は、クラウドワークスのものです。**

プロジェクト形式
①固定報酬制
②時給制
③コンペ形式
④タスク形式
契約!
提案！
お互い相談しながら
進めるお仕事に最適
たくさんの提案を比較して
選びたい仕事に最適
数を多くこなしてもらいたい
単純作業に最適
おすすめのお仕事
• 中長期の開発プロジェクト
• ホームページ作成
• サイトの保守・運用など
おすすめのお仕事
• ロゴ作成
• バナー作成
• ネーミングなど
おすすめのお仕事
• データ入力
• アンケート
• 簡単な記事作成など


出典：株式会社クラウドワークス「外注ノウハウ」https://crowdworks.jp/times/know-how/791/

**ゴウ** **クラウドソーシングには、大きく分けて「タスク形式」「プロジェクト形式」「コンペ形式」の３つがあります。Web ライティングをする中でコンペ形式の仕事はほとんどないので、基本的には次のいずれかになります。**

| 形式 | 特徴 |
|---|---|
| タスク | ・単発で終わる<br>・低単価である |
| プロジェクト | ・継続的に仕事がある<br>・高単価が見込める |

**ゴウ** **まず、タスク形式の仕事とは、「この部分について感想だけください」「これについてアンケートに答えてください」といったような単純な作業です。楽ですが、そのぶん単価は低くなります。**

**一方、プロジェクト形式の仕事は、発注者と「こんなメディアを一緒**

に作っていきましょう」「こういう記事を毎月書いてください」のように相談しながら進める中長期的な仕事で、継続的に仕事をもらいやすいのが特徴です。

浅井　どちらの仕事を狙うのが良いのでしょうか？

ゴウ　私のおすすめは、プロジェクト形式の仕事ですね。単価が高くなりやすいのと、継続契約が多いので、「ずっと提案（営業）する」ことから抜け出しやすいためです。

### ❷ 新着案件

ゴウ　「新着案件」も重要です。とにかく新着案件に早く応募するほうが、採用率が高い傾向にあります。これは、発注者側からしたら当たり前といえば当たり前です。多くの発注者は「時間がないので、早く仕事を発注したい」と考えて、クラウドソーシングで発注しています。そのため、早い段階で応募してくれた人が「いい感じ」だったら、もうそこで採用決定です。全員の応募が集まってから比較するとは限りません。なので、できるだけ早く応募しましょう。ランサーズやクラウドワークスでは「新着順」で並べ替えができるので、上のほうに来ている案件から応募していくのがおすすめです。

例:ランサーズ

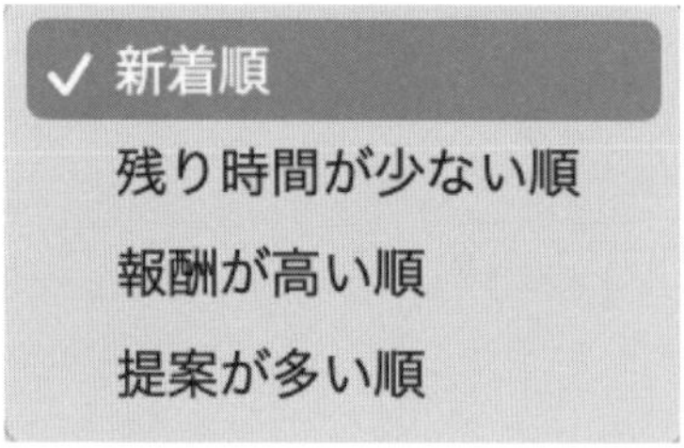


例:クラウドワークス

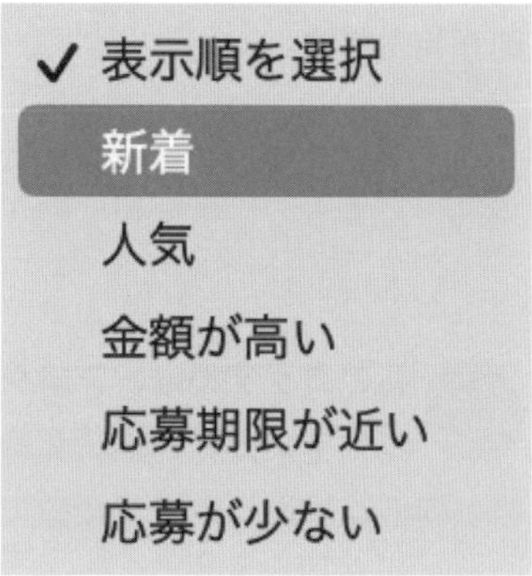


### ❸ 文字単価１円以上

**ゴウ** **文字単価１円以上の案件とは、１文字あたり１円もらえる仕事を指します。「1,000文字書いたら1,000円もらえる」ようなイメージです。１円以上というのは、初心者でも取れる案件の中で、それなりの金額かつ初心者でも採用されやすいラインです。これより少ない場合には、いくら書いても時間あたりの単価が安すぎて続きにくいので、やめておきましょう。稼げない案件に時間をかけてしまうと、「その間に応募していたら取れていたかもしれない優良案件」を、みすみす流してしまうことになりかねません。時間さえあれば取れていたはずの良い案件を、失っているということです。**

浅井 わかりました。ただ、１円以下の安い単価の募集ばかりが目につくような気がするのですが……。

**ゴウ** **いえ、文字単価１円以上の案件は結構ありますよ。実際にランサーズとクラウドワークスを見たところ、１円以上の案件数は下記のとおりでした。1,000件近くありますね。日によるので、まずは検索してみてください。**

例:ランサーズ

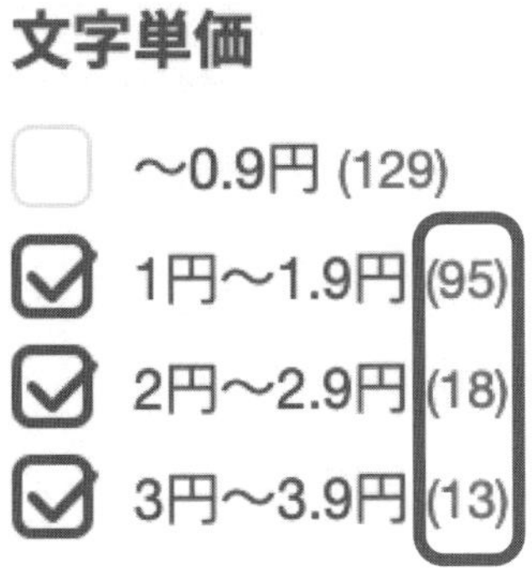


例:クラウドワークス

## 5 「初心者はやめとこう」案件

浅井　ちなみに、初心者があまり手を出さないほうが良い案件というのもあるのでしょうか？

ゴウ　**はい、あります。大前提として、クラウドソーシングの案件は、いわば玉石混合です。素晴らしい案件もあれば、「おっと、これは大丈夫か？」みたいな案件も結構あります。だからこそ、クラウドソーシングのサイト上で、発注者の評価や感想などを細かくチェックしておきましょう。発注者のアカウントのページで、「これまでどんな仕事を発注してきたか」や、「それに対して、ほかのWebライターがどのような感想を残しているか」を見ることができます。もし、見てみたときに厳しい評価や「このクライアントは〇〇でやばかった」などのコメントがあった場合、やめておいたほうがいいです。**

浅井　やっぱりあるんですね。

ゴウ **ありますあります。そもそも評価や感想は、発注者と Web ライターがお互いに評価し合うので、忖度も込みで良い評価が書いてあることが多いと思います。それにも関わらず悪い評価がついてるというのは、相当危険な可能性が高いです。ただ、片方に問題があって、喧嘩をふっかけてきているパターンももちろんあります。そのため、実際に両方のやり取りを見て平気そうかチェックしましょう。**

浅井 なにかいい見きわめ方ってあるんでしょうか？

ゴウ **特に、次の３つの特徴がある案件はおすすめできません。**

・ブラックバイト系
・お金を取られる系
・曖昧模糊（もこ）系

## ❶ブラックバイト系

ゴウ **１つ目は、ブラックバイト（ブラック企業でのアルバイト。労働条件が悪かったり、妙にキツかったりするアルバイト）でよくある集め方をする案件です。案件の説明欄に次のようなワードが含まれているものは怪しいですね。**

**■ブラックバイト系の案件によくあるワード**
- 「初心者歓迎」「未経験歓迎」
- 「主婦」「ママさん歓迎」
- 「楽しい」「アットホーム」

ゴウ　これらのワードがある意味を考えてみましょう。例えば、「初心者や未経験者を喜ぶ案件」とはどういうことだと思います？

浅井　「ダイヤの原石探します」的な感じですかね？

ゴウ　違います。ピュアすぎてちょっと心配です。「初心者・未経験」を言い換えれば、スキル・知識・実績はないということですよね。誰でも書けるとも言えます。そして、こういった記事は往々にして安い。「誰でも書ける記事を安く書いてくれる人募集」という意味になります。いいものではなさそうですね。

浅井　たしかに。

ゴウ　もちろん、「女性目線で育児の記事を書いてほしいので、ママさんを歓迎します」のように、理由があれば別です。

浅井　未経験なんだから「未経験歓迎」の案件が良くないですか??

ゴウ　気持ちはわかります。私も、最初はまさに同じ気持ちでした。ただ改めてですが、「わざわざ未経験"歓迎"と書く意味」を考えてください。別に、未経験だからといって「未経験歓迎」以外に応募できないわけではありません。

### ❷お金を取られる系

ゴウ　２つ目は、商品や教材の購入を求められる案件です。これはほぼ100%NGですね。

浅井 そんなパターンあるんですか？

ゴウ **ありります。例えば、「この案件で書きたかったら、〇万円の教材を買ってください。その代わり、●万円分の仕事を絶対に発注するので安心してください」のように書かれているものです。このような案件を出している発注者は、だいたいが途中で消えます。その「●万円分の仕事」は、いつまでたっても来ません。もしくは、少しだけ発注して少しだけ払って消えるところも多いです。ほかにも納品した記事に対して、「この記事はひどすぎますね。この講座を受けて書き直してください」といった具合で、責め立てたあとに教材を買わせる手法もあります。**

浅井 それは怖すぎますね。

ゴウ **そういったリスクがあるのが、個人で稼ぐということでもあります。困ったときに相談できる場所は知っておくといいと思います。クラウドソーシングであれば、その運営事務局。そうでなければ法テラスなどもいいと思いますし、例えば、私が主催しているライター組合や、講師として参加しているデイトラでも、こういった問題があれば、弁護士などにも協力してもらいつつ、サポートできる場合があります。**

### ❸ 曖昧模糊系

ゴウ **曖昧模糊系とは、「依頼文が短すぎる」「仕事内容が抽象的すぎる」など、よくわからない系の案件です。「育児についていい感じの記事をお願いします」という説明だけでの依頼など、「そんなことある？」と笑ってしまうような案件もあります。**

浅井　なにをすればいいのかよくわからないけど、なにがわからないかもわからないので、いったん応募しちゃいそうです。

ゴウ　**そもそもふわっとした依頼を投げてくる時点で、採用されたあともふわっとし続ける可能性が高いです。指示が不明確でうまく仕事が進まないなど、あとでコミュニケーション面での問題が怖いのでやめておきましょう。**

## 6 NGではないけれど注意が必要な案件

ゴウ　**ちなみに、「絶対 NG ではないけど、ちょっと危険かも」という案件もありまして。その特徴を、３つ紹介しますね。**

①「テストの報酬」が本番の半額未満
②誤字脱字がある・日本語が怪しい
③商品・サービス（特に講座）の無料モニター

### ❶「テストの報酬」が本番の半額未満

ゴウ　**テスト（テストライティング）とは、「本格的に発注する前に、まずは○記事書いてください」というものです。このテストの報酬が「激安」もしくは「無料」の場合、ちょっと危険です。テストと言いながら、本発注をしない発注者もいます。０円や激安の報酬でたくさん Web ライターから記事を集めて、急に音信不通になるということです。**

**そのため、テストの段階でも納得できる単価かどうかをチェックしましょう。目安は難しいのですが、あえて言うのであれば、正式に採用された後の報酬額の半額以上（１円なら0.5円以上もらえる）などです。**

### ❷ 誤字脱字がある・日本語が怪しい

ゴウ　２つ目は、誤字脱字がある案件や、日本語が怪しい案件です。誤字脱字なら多少はありえますが、日本語が怪しいのは日本の会社ではないときがあります。実際に私も、「日本語が怪しいと思っていたら詐欺の会社だった」というパターンを聞いたことがあります。

浅井　それは恐ろしい……。

ゴウ　ただ、絶対にNGというわけではありません。具体的には、「海外の企業が日本に進出するにあたり、日本語が割と得意な現地の担当者が発注しているだけ」というパターンですね。これも実際にありました。中国の企業が日本進出のためにライティングの発注をしていたもので、とっても良いお仕事でした。注意が必要なだけで、必ずダメとは限らないと思っておきましょう。

### ❸ 商品・サービス（特に講座）の無料モニター

ゴウ　それから、商品やサービスの無料モニター系の案件は、基本的に避けてください。例えば、「○○系の講座を発売したので、無料で使ってください。感想をくれたらお金を渡します」などですね。このような案件の発注者は、ほとんどが「自分たちの客」を探しているだけです。実際に感想を提出すると、「もっと上を目指したくないか？」のようなメッセージが来て、何十万のサービスを売られるパターンが多い。上記の３つは、全部NGではありませんが、危ないので、特に初めは避けておくのが無難です。

2章-5

# どんなジャンルで始めればいいかわからないとき

## 1 執筆したいジャンルがわからない場合

浅井 いざ、クラウドソーシングで仕事に応募しようと思ったのですが、どのジャンルで応募すべきか悩んでしまいました。

ゴウ **まず、そもそも執筆したいジャンルが「わからない」もしくは「特にない」という場合は、「興味がある、または興味があるかもしれないジャンル」を探すのがおすすめです。**

浅井 正直、なにに興味があるかすらわからなくて……。

ゴウ **あー、わかります。私自身も無趣味で特に「好きなもの」なんてなかったので、とってもわかります。このパターン、かなり多いので気にしないでください。そして、無理やり頭からひねり出そうとてしても出てこないので、いったん考えるのはあきらめましょう。**

浅井 えっ。

ゴウ **「ないもの」をいくら考えても見つかりません。そんなときにおすすめなのが、クラウドソーシングサイトを眺めることです。**

浅井 もう少し具体的に教えてください。

ゴウ **まず、クラウドソーシング上でWebライターを募集している仕事を１週間ほど上から下まで眺めてください。その仕事一覧を眺めて、「面白いかも？」「これなら書けるかも」などと感じたジャンルをメモしていきましょう。ここでジャンルを決めるわけではないので、軽い気持ちでOKです。「ちょっと気になる」でまったく問題ありません。**

浅井 眺めてみます！

（時間経過）

浅井 眺めてみましたが、なんだかとても単価が安いようなのですが……。これは自分のジャンル選びが悪いんでしょうか？

ゴウ **おっとそれは早計です。今の行動の目的は「興味があるかもしれない分野を探すこと」だけ。常に「今、自分はなんのためになにをしているのか」を意識しましょう。そして、どんなジャンルでも、生活費を稼ぎ出すくらいはできるので、本当に気にしないでください。もちろん、条件が良ければそのまま応募してみてもOKです。興味の持てそうなジャンルで、なおかつ、条件の合う仕事に出会えたらそれは超絶ラッキーなので、見つけたらすぐに応募しましょう。**

## 2 「稼ぐ」と「楽しむ」の２軸でジャンルを持つ

ゴウ **もう一歩進んだ話をすると、ジャンルは「２軸」で持つのもおすすめです。具体的には、「稼ぐ」に特化したジャンルと、「楽しむ」に特化したジャンルの両方を持つことです。**

浅井 どうして２つ必要なのでしょうか？

ゴウ　モチベーションや精神衛生のバランスを取るためです。例えば、楽しめる（が、安い）ジャンルの記事だけを書いていてもお金に不満が残ります。私は海外旅行が好きで、その手のジャンルの記事も書いていたんですが、なかなか報酬が渋かったんです。一方で、「あまり楽しくないけれども報酬が良いジャンル」っていうのもあって。私の場合はそれが金融のとある専門的な分野でしたが、当初は、正直つまらなかったですね。もし、このジャンルの記事だけを書いていたら、精神的に疲弊して Web ライターを続けられなくなってしまいそうでした。

浅井　本当に好みというか、向き不向きみたいなのはあるんですね。

ゴウ　そうですね。ちなみに、稼げる記事については、継続して詳しくなっていくにつれて徐々につらさがなくなっていき、しまいには多少は楽しさも感じるようになりました。

## 3 掛け算で両方叶える

ゴウ　続けていくと、ゆくゆくは「楽しい」と「稼ぐ」の掛け算ができるようになります。例えば、海外旅行×金融で、「海外旅行で使えるクレジットカード」となったら、「楽しい海外旅行情報」×「稼げる（し、ちょっと楽しい）金融の情報」を書ける Web ライターとして、楽しくて稼げるジャンルに変貌します。これ、最高なのでおすすめです。しかし、「すぐに手に入るもの」ではない点は注意してくださいね。

## 「稼ぐ」と「楽しむ」の掛け算

$
€
¥
×
=
COLUMN
0000 0000 0000 0000
稼ぐ
金融ジャンル
楽しむ
海外旅行ジャンル
記事
海外旅行で使えるクレジットカード

# 2章-6 プロフィールの作り方

## 1 仕事を獲得するためにはプロフィールが大事

浅井 クラウドソーシングサイトで応募を始めたのですが、なかなか仕事が取れません……。なにが悪いのでしょうか？　やっぱり未経験だからですかね？

ゴウ **未経験でも仕事を獲得できるようになるためには、いろいろな方法がありますが、まずは「クラウドソーシング上でのプロフィール作り」を考えてみましょうか。ちなみに、クラウドソーシングを例にはしますが、ほかでも使える考え方です。**

### ❶ プロフィールはなんのため？

浅井 どうして、プロフィールをきちんと作れば採用率がアップするのでしょうか？

ゴウ **理由は簡単で、プロフィールをきちんと作っている人とそうでない人とでは、採用するための判断材料の差が生まれるからです。Web ライターの仕事に応募するときに書く応募文は、クライアントが採用する際の大きな判断材料になります。ただ、クライアントは、Web ライターを採用する際に応募文以外にもさまざまな点を考慮して、採用を決めています。**

浅井 例えばなんでしょうか？

ゴウ　過去の経歴（Web ライター以外の経歴も含む）や対応できる執筆記事本数などです。応募文を見てすごく良さそうな人だと感じても、プロフィールに「本業が忙しいのでスキマ時間で働いてます」と書いてあれば、今後の執筆記事数を増やしていけそうもないので採用を見送る……などといった判断も、採用の場では行われています。

**プロフィールを作れば採用率がアップ**

**プロフィールは採用の判断材料**

浅井　意外とプロフィールって見られているんですね。

ゴウ　はい、大事です。しかも、いいプロフィールを作る効果はそれだけではありません。実は、あとあと高単価案件のお声がけ（スカウト）をしてもらうことにもつながります。

浅井　スカウト……。わかるようでわからないんですが、なんですか？

ゴウ　クラウドソーシングサイトでは、クライアント側が自分で求人募集を出さずにWeb ライターに直接声がけをすることもあります。検索画面で条件やジャンルに関するキーワードを入力し、検索に引っか

**かったWebライターのプロフィールを見て直接声をかけるといった方法でWebライターを探します。したがって、プロフィールをきちんと作っていないと、検索画面でそもそも引っかからないですし、引っかかったとしても目にとまらないということです。**

浅井 たしかに、自分が採用側だったとしたら、少なくともプロフィールは確認します。

ゴウ **はい、そんなふうに担当者の人はWebライターを探しているんです。ちなみに、クラウドソーシングで報酬を上げていくには、このスカウトが非常に重要になってきます。というのも、スカウトで声がけをされる案件は高単価案件が多いからですね。**

**まとめると、初心者が最初の仕事を獲得するためにも、あとあと報酬を上げるためにも、プロフィールの作成は必要不可欠ということです。**

浅井 よくわかりました。あ、そういえば、さっきクラウドソーシングに登録をしたあとすぐに1つスカウトが来ていたことを思い出しました。私というダイヤの原石にこんなにも早く気づくとは、この発注者はなかなかあなどれませんね。

ゴウ **ピュアに高まっているところ申し訳ないのですが、ちょっと待ってください。実績もまだないような初期のスカウトは、無視したほうがいいです。ほとんどは条件があまりよくありません。プロフィールを見て仕事を依頼しているのではなく、検索条件に合う人に、ひたすら同じ文章を作業的に送っている場合がほとんどです。**

浅井 踊らされてしまって悔しいです。

**ゴウ** ちなみに、クラウドソーシングサイトの中には、メッセージを受領してから24時間以内に返信した割合が、評価に関わる（返信が遅いと、返信が遅い Web ライターとして表に出てしまう）ものがあります。そのため、すぐに返事をして受けたほうがいいと思ってしまうかもしれません。しかし、メッセージを返信しないままにしておけば、評価には影響しません。冷静に判断するようにしましょう（返信をした場合、それが受信から24時間を超えていた場合のみ、Web ライター側の評価が下がる仕組みです)。

## ❷ プロフィールはどんなに長くても１時間以内で作成しよう

浅井 では、早速プロフィールを作り込みたいと思います！

**ゴウ** あ、でも、どんなに長くても１時間以内で作成してください。たしかに、プロフィールをきちんと作ろうとは言いましたが、それ以上に大事なのは、「案件ごとのクライアントへの提案の質」と「実績」です。

浅井 え、そうなんですか。

**ゴウ** そのため、最初はプロフィール作成に時間をかける必要はありません。プロフィール作成は、「もっとこうしたほうが良い」「これも書きたい」などの希望がたくさん出てきて、プロフィール作成沼にはまることが多々あります。この沼は、上限なく時間を吸っていくんです。それよりも、案件ごとにクライアントに刺さる提案を考え、少しでも多くの Web ライターの仕事をして実績を増やしたほうが良いですね。まずは、プロフィールを30分ほどで作り、あとで改善しましょう。どんなに長くても１時間以内での作成に収めてください。

## 2 プロフィール文を作成するまえに

### 1 上位の人のプロフィールを研究する

浅井 作成まえに気をつけておくことってありますか？

ゴウ **まず、前提として、どの時代・どの業界にも良いと評価される絶対的なプロフィールは存在しません。では、どうすればいいのか。それは、「今」上位に表示されている人気 Web ライターのプロフィールを研究することから始まります。そもそも、Web ライターとして検索したときに、上位にいるということは、「今」評価されている可能性が高いということ。**

浅井 たしかに。

ゴウ **「クラウドワークス　発注」「ランサーズ　発注」などで検索すると、発注する側のページを見ることができます。ちなみに、受注者と発注者の切り替えは各サイトで可能ですが、見つかりにくいことがあるので、検索がおすすめです。その発注者ページで、例えば、DIY の記事を書きたいなら、「DIY　ライター」などで検索してみましょう。依頼する側の視点に立ち、上位に表示される「プロクラウドワーカー」や「認定ランサー」などのプロフィールページを見てみます。**

浅井 素敵な人がいました！

ゴウ **であれば、その Web ライターのプロフィールを研究しましょう。もちろん、文章をそのままコピーして真似するのは NG です。い**

**わゆるパクリですね。パクリではなく、上位表示されているWebライターが、「なにを」「どのような順番で」書いているのかを見てみましょう。そこには、発注者が採用を決める際に必要とされる情報が重要な順番で書かれているはずです。その要素を自分で確認し、自分のプロフィールに追加しましょう。もちろん、ある程度普遍的な内容もあるので、そこは次項で後述します。**

### ❷ ほかのWebライターにクラウドソーシングで発注をしてみる

浅井　ほかになにか意識しておきたいことってありますか？

ゴウ　**そうですね、より良いプロフィールを作成したいのであれば、可能であれば、ほかのWebライターに発注をしてみましょう。**

浅井　経験が少ないのに、どうして発注するんですか？

ゴウ　**「良いプロフィール」と「そうではないプロフィール」の差が体感としてわかるからです。そもそも、クラウドソーシングでの「良い」「悪い」は相対評価でしかありません。発注者は、複数人のプロフィールや応募文を見て比較します。その中で、一番良かった人を採用するだけです。したがって、浅井さんも応募してきた複数人のWebライターのプロフィールを比較してみてください。そうして比較してみて、良いと感じたWebライターのプロフィールを参考に、自分のプロフィールを作ってみましょう。良い応募文を送れるWebライターは、多くの場合、プロフィールのレベルも高いものです。**

浅井　なるほどー。そこまで徹底してやるんですね。

ゴウ　具体的な発注方法としては、まず、クラウドソーシングで発注者アカウントを作成します。そして、将来自身が受注をしたい金額で発注をします。例えば、文字単価３円のWebライターを目指しているのであれば、文字単価３円で募集しましょう（約2,000文字の記事に対して、6,000円を支払うイメージです）。そうすると、玉石混合ではありつつも、普段から文字単価３円以上で書いているWebライターも応募してきます。そうして来たWebライターの中で一番良いと感じたWebライターのプロフィールを見てみましょう。

浅井　なんのジャンルで発注すればいいですか？

ゴウ　Webライターを募集する際の記事のジャンルはなんでもOKですが、すでに執筆に挑戦してみたいジャンルがあれば、そのジャンルで募集するのも良いでしょう（もちろん、「プロフィールを見るために募集するだけ募集して、発注をしない」といったことはしてはいけません）。

## 3 プロフィールを書いてみよう

ゴウ　良いWebライターのプロフィールを事前に調べたら、実際にプロフィールを作成してみましょう。私がおすすめするプロフィール文作成のポイントや書くべき内容をご紹介します。

### ❶ 長期的に使える失敗のない名前のつけ方

ゴウ　まずは名前ですね。Webライター活動をする際の名前は本名でなくても問題ありません。個人的には、どんなトラブルに巻き込まれるかわからないので、本名にしなくてもいいと思います。しかし、ふざけた名前は避けましょう。真面目なトーンのメディアでは書けない恐れがあるからです。実際に、ほかの人と被らない・覚えやすい名前にしようと「ンゴンゴ★リンゴポッポー」という名前にしている人がいました（イメージです）。クライアントは、お金を払って仕事を発注します。そのときにふざけた名前の人にわざわざ発注するでしょうか？

浅井 不安ですね。

ゴウ そうなんです。名前１つで仕事の可能性をつぶしてしまっては悲しいので、無難な名前がおすすめです。例えば、「名字＋名前」のような、現実にありそうな名前が使いやすいと思います。このとき、本名が「佐々木」であれば、ライターネームは「笹木」にするなど名字の読み方を本名と同じにしておくと、呼ばれても違和感をもたれにくいですし、プライベートでも使うような連絡ツールでは、「ささき」や「Sasaki」としておけば、プライベートでもビジネスでも使えて便利です。私自身、そうしています。

### ❷ プロフィール画像は顔出しをすべきか

ゴウ 次がプロフィール画像ですね。プロフィールは好きなものに設定できます。無理に顔出しをしなくて構いません。発注者目線でも、顔出し写真の有無よりも、プロフィールの充実度や実績、提案文の質、サンプル記事の質、相性などのほうが一億倍重要です。

浅井 それはそうですね。

ゴウ なお、自分のプロフィール画像にイラストを使う場合は、クラウドソーシングで自分のイラストを作成してもらいましょう。AIでも作成できますが、もしも著作権法違反などのトラブルがあったときに、AIは責任を取ってくれません、自分に全責任が降りかかるのも怖いもの。まさにAIの弱点の１つですね。さらに、さっきもお伝えしたように、実際に発注をすることで「発注者側の目線」を疑似体験できるからです。イラストレーター相手でも、Web ライターとしてもすごく参考になる経験ができます。複数人からもらう応募文やプロフィールの差を体感することも重要です。このような発注者側の見え方を知ることで、自身が提案するときに役立ちます。

### ❸ 冒頭部分は強みや経験などを簡潔に

ゴウ　冒頭部分はクライアントが最初に目にする重要な部分です。ここには、一番 Web ライターとしてアピールしたいこと（書けること）を簡潔に記載しましょう。文字数の目安は100～200字ほどです。まずは、この文字数の中にアピール内容を集約してください。

　クライアントは、興味を持った Web ライターをクリックしてプロフィールの詳細を読み、発注を検討します。しかし、多くの Web ライターがざっと並べられた一覧画面では、プロフィールの最初の100～200文字しか表示されません。

ゴウ　したがって、この部分に興味を持ってもらえないと、詳細を読んでもらえません。そのため、「こんにちは。プロフィールを読ん

でいただき、誠にありがとうございます」といった採用における情報価値の薄い挨拶文は、あまりおすすめしません。その挨拶からは「強み」「経験」などがまったくわからないからです。私が書く場合のイメージは、次のとおりです。

【まずはお気軽にご相談ください】Web マーケティング、就職・新卒・転職、ネットショップ（EC サイト）運営についてのSEO・取材記事だったらお任せください！　EC コンサルタントとメディア運営、編集業の経験から、記事の納品、他の Web ライターさんの編集、サイトの運営代行などもまとめて対応いたします。自分自身でのサイト運営、メディア運営代行だけでなく、編集業も多数対応しております。

### ❹ 実績・経験・強みを書く

ゴウ　Web ライターとしてすでにある程度の実績がある場合は、経験や強みより「実績」を先に記載しましょう。ここでいう実績は、過去に書いた記事のことです。過去に書いた記事は、わかりやすくWeb ライターの技量を判断できるので、採用時の判断基準として非常に重要です。すでにこれらの実績がある場合には、必ず冒頭に記載しましょう。後半まで読んでもらえるとは限らないからです。

浅井　「〇〇のキーワードで検索１位を取りました」などはどうでしょう？　すごく成果が出せそうな感じがします！

ゴウ　いいですね。ただ、実はあまり現実的ではありません。というのも、重要な情報であるキーワードを「実績として出していいよ」と言ってくれるクライアントはそうそういないからです。クライアントのサイトであれば、ぼかして書く。もしくは、自分のブログで獲得したキーワードと順位を出すのがおすすめです。

**浅井** だったら、明確なことは言わずに、「執筆記事からサービスへのお申し込みが○○件増加」や、「クライアントが月商○億円を達成しました」といったアピールはどうでしょう？

**ゴウ** **これも別にNGではないのですが、発注者が思うのは、「それって本当にあなただけの成果なの？」ということです。それが明確に語れるのであれば素晴らしいですが、申し込みが増えたという話も、そもそもWebライターが書いた記事だけではなく、広告やサービス自体の改善、時流など、別の理由で増加している可能性があります。**

---

**■ 実績（自身のSEO上位獲得実績）**

---

- 「ECサイト　○○」で1位（お客様オウンドメディア）
- 「人気企業　○○」で1位（お客様オウンドメディア）
- 「Webライティング」「Webライター」で2位（自身のブログ）

---

**■ 強み**

---

- Webマーケティング
- ネットショップ（ECサイト）
- 就職系（新卒、転職）
- ITシステム（ネットワーク、ハードウェア）

---

**■ 経歴**

---

- ●●大学●学部卒業
- ネットショップ運営会社にてインターン
- 大手SIerにて新卒入社
- ネットショップコンサルティングのベンチャーに転職

・Webライターとして独立

### 5 趣味についても記載しよう

ゴウ　**実績・強み・経験を記載したら、次に「あなたの趣味」について記載しましょう。**

浅井　え、仕事のことじゃなくていいんですか？

ゴウ　**はい。趣味なのだから積極的に自分でも情報を得たり、体験したりするだろうと判断できるため、プラス評価です。また、好きなことであれば、取材の際にも、経験者ならではの深い質問ができたり、詳しいので取材相手に喜ばれたりと、いろいろいいことがあります。**

浅井　「いま詳しい」わけじゃなくても、熱意や積極的に体験するというアピールができればいいんですね。

ゴウ　**そのとおりです。例えば、プロフィールの趣味欄にキャンプと書いてあれば、キャンプに関する記事の執筆依頼が来ることもあります。Webライターの経験が少なくても、そのジャンル（今回でいえばキャンプ）の知識などがあれば、Webライターとして採用される可能性があります。もちろん、同じ趣味の人が多ければ、ほかの人たちとの戦いになりますが、もしニッチな趣味であれば、それだけで選ばれることもあります。その意味では、できるだけ細かく書くことをおすすめします。「キャンプ」ではなく、「ULキャンプ」と書いたり、「ULキャンプ　登山」など一緒に行うものを並べたりするイメージです。ここの目的は情報整理力を見せることではないので、情報の粒度は気にせず、「検索されそう」なワードを並べましょう。**

■趣味

・アウトドア（登山、UL キャンプ、長距離自転車旅行、車中泊）
・ボードゲーム
・漫画、アニメ

### 6 最後は柔らかい雰囲気を伝えよう

**ゴウ　プロフィール文の最後は、相談しやすそうな柔らかい雰囲気が伝わるような言葉で締めくくりましょう。例えば、「こんなことも相談していいかな？　と思うことも、ぜひ一度ご相談ください！」とか、「もしよければ、Zoom でお話しすることも可能です！」などです。**

浅井　ビジネスなのでピシッと終わると思っていました。

**ゴウ　発注者にもかなり多くのリサーチをしたところ、プロフィール文章の締めくくりで大事なのは、「相談しやすそうな雰囲気」でした。クラウドソーシングを使い慣れていないクライアントは本当に多くいます。そして、発注に慣れていないクライアントほど、「こんな感じで相談しても大丈夫かな？」「執筆の際のリクエストはどこまで出しても大丈夫なのかな？」と悩むものです。**

浅井　発注者はみんなプロだと思っていました。

**ゴウ　そんなことありません。だからこそ、クラウドソーシングに慣れていないクライアントからも声をかけてもらえるような、相談しやすいやわらかい雰囲気が文章から伝わることが非常に重要です。特**

**に、発注に慣れていないクライアントは、オンライン通話で相談をしたい方が多いので、可能であれば、オンライン通話ができる旨も記載しましょう。受注率が上がりますよ。イメージは、次のとおりです。**

---

**■不確定な状態でも、お気軽にご相談ください！**

---

・進め方から相談したい
・メディアの方向性から相談したい
・予算をいくらくらいに設定していいかわからない などなど、
まずはZoomなどのオンライン通話やメッセージでのご相談も大歓迎です。

### ❼キャッチフレーズでインパクトを

ゴウ **キャッチフレーズが設定できる場合は、実績や強みをアピールするチャンスです。ぜひ書きましょう。**

【元○○・資格保有】□□、△△系の記事ならお任せください。

ゴウ **もし、実績や強みが現時点でない場合は、攻めたい・興味あるジャンルを次のように書きましょう。**

□□、△△系の記事ならお任せください。

ゴウ **プロフィールはあとで何度でも変えられます。キャッチフレーズはつい考えこんでしまいがちですが、10分くらいでサクッと書いてみてください。悩まないことが重要です。とにかく応募するほうがはるかに大事ですので！**

#### ❽ 参考：書けない部分は無理して書かなくてOK

浅井　いろんな人のプロフィールを見たんですが、経歴とか実績がすごい人たちばかりで……。こんなすごいプロフィールは自分には書けないです。そんな経歴は自分にはないですし……。

ゴウ　**大丈夫です。落ち込む必要はありません。まだ、Web ライターとしての経験がなく、強みや経験がなにかわからないという場合は、無理に記載する必要はありません。書くことがないのであれば、これから書けるような実績などを増やしていけばいいだけですから！　あまり考えすぎずに、いったん完成させましょう。本当にしつこく何度も言いますが、応募するほうが大切です。**

浅井　書けない部分については、どう埋めるといいでしょうか？

ゴウ　**無理に書かなくてもいいですが、Web ライター経験の有無に限らず、これまで仕事として働いてきた経験はすべて記載しておきたいところです。例えば、「アウトドアショップでアルバイトしていた」などでも OK です。なぜなら、アウトドア関連の記事の執筆依頼が来るかもしれないからですね。ちなみに、勤務経験については、アルバイト・インターンシップ・業務委託・契約社員・正社員などは問いません。勤務した経験があれば、契約形態はなんでも大丈夫です。「中の人」として活動していたことだけでも、非常に価値があります。**

## ④ やってはいけない注意点

浅井　避けておくべき、やってはいけないことはありますか？

### ❶ 予防線を張ること

**ゴウ** **はい。あります。まず、「初心者ですが」などの文言を入れて予防線を張ることです。これは言い換えると「私は初心者だからそこまでハイレベルなことは求めないでください」とか、「もし、想定以上にレベルが低いと感じても許してくださいね」と予防線を張っているのと同様です。そんなつもりはないかもしれませんが、発注者から見たらどうしても予防線を張っている印象が拭えません。**

**浅井** いやー、これはつい書きたくなりそうです。

**ゴウ** **そもそも、お金をもらうのであればWebライター歴に関係なく、その時点でプロです。「初心者ですが」と書いてしまうと、ちゃんとしたクライアントは発注してくれなくなります。そのうえ、初心者であることにつけ込まれ、悪条件で発注してくる悪質なクライアントに狙われる可能性が上がってしまいます。だからこそ、次のようなことは書かないようにしましょう。**

- 未経験で
- 初心者で
- 勉強中の身ですが
- ライティング修行中ですが

**ゴウ** **もちろん、嘘をついてWebライター経験を詐称することは絶対にしてはいけません。**

### ❷ 不注意での失敗を防ぐ

**ゴウ** **プロフィールの誤字脱字も要注意です。プロフィールに誤字脱字があると、本番でも誤字脱字をしそうと思われてしまいます。そ**

のため、考えたプロフィール文は何度もチェックしましょう。

## 5 おまけ：視認性を上げる

**ゴウ** **最後に、文章の細かい点をチェックしていきましょう。それが、視認性の向上です。要は「クライアントが読みやすくなるように文章を書こうね」ということですね。例えば、次の文章をご覧ください。**

> 私がこれまで SEO ライティングで上位を獲得した際の実績をいくつか紹介します。例えば、EC サイト　〇〇や人気企業　〇〇といったキーワードでは１位を獲得しました。また、Web ライティングや Web ライターでは２位を獲得しました。

**浅井** うーん、なにが問題なのでしょうか？

**ゴウ** **ここで注目してほしいのは、内容ではなく読みやすさです。次のように変えてみたらいかがでしょうか。**

> **■実績（自身の SEO 上位獲得実績）**
>
> ・「EC サイト　〇〇」で１位
> ・「人気企業　〇〇」で１位
> ・「Web ライティング」「Web ライター」で２位

**浅井** わ、すごくわかりやすくなった気がします。

ゴウ　そうですよね。先ほどの文字が詰まった文章と見比べてみると非常に読みやすいと思います。まったく同じことを書いていても、書き方１つで「読まれる文章」と「読まれない文章」の差が生まれてしまいます。

## 6 プロフィール作成とあわせてやっておいたほうがいいこと

### 1 認証系は可能な限りすべて行う

ゴウ　クラウドソーシングには「本人確認」のような認証系の作業がいくつかあります。これらの認証は、「私は怪しくないですよ。身元も明かせますよ」という、いわば身元を証明するイメージです。そこまで時間もかかりませんし、重要性も高いので、可能な限りすべて行いましょう。プロフィールの信頼性が増し、クラウドソーシング内の検索結果でも上位に表示されやすくなります。認証系の作業の例は、次のとおりです。

- 本人確認
- 機密保持確認（NDA 締結）
- 電話確認

ゴウ　ちなみに、本人確認書類の提出などはクラウドソーシング事務局にするもので、応募するクライアントに提出するものではありませんのでご安心を。

### 2 可能な限りスキル検定やテストを受ける

ゴウ　クラウドソーシングによっては、スキル検定やテストがあります。これらに合格すると、その旨がプロフィールに表示されるようになります。したがって、ある程度のスキルがあるということが発注者から一目でわかるようになるので、受注率アップにつながります。

浅井　そんな仕組みもあるんですね！

ゴウ　**はい。スキル検定やテストに合格していないと受けられない案件もあるので、ぜひ、受験しましょう。**

浅井　受験料とかもかかるんでしょうか？

ゴウ　**ものによります。まずは無料で受けられるところからチャレンジしていくことがおすすめです。**

浅井　ほかになにかありますか？

ゴウ　**ランサーズでは「スキルパッケージ」の作成にもぜひ挑戦をしておきたいところです。スキルパッケージとは、自分のサービスや商品をパッケージとして出品して、問い合わせを待つ形式のサービスです。ただし、パッケージ作りには時間もかかるので、ある程度Webライター活動に余裕ができてから取り組むのでも遅くありません。何度も言いますが、まずは応募をしましょう！**

# クラウドソーシングの応募文の作り方

ゴウ　ここからは、選考の通過率が上がる応募文の作り方について解説します。なお、この方法は、今後 Web ライターとして営業をするときのすべての基礎です。

## 1 どの応募にも使える完璧な応募文はない

ゴウ　複数のまったく違うクライアントに同じ文章を応募文にして送る人がたまにいますが、絶対にやめましょう。コピペとわかった時点ですぐに落選します。

浅井　そんなことしないですよ！　……でも、相手の名前とか変えればバレなくないですか？

ゴウ　いえ、発注者は応募文を一目見ただけで「これは使いまわしの応募文だな」とすぐにわかります。一瞬です。そして、不採用を決めます。もし、本当にこの仕事をしたいのであれば、オリジナルの文章で送ってくるはずですよね。

浅井　たしかに！

ゴウ　それがない以上、熱意がないとみなされます。熱意のない Web ライターをわざわざ採用しません。逆に、「スキルが例え未熟であっても、熱意を持って執筆してくれる Web ライターさんは成長も早く、頑張ってくれる。だから、未熟さや実績よりも、熱意を買っている」という意見が多いんです。

浅井 それは逆に勇気がわきます！　と言いつつ、具体的にどうやってその「熱意ある応募文」は作ればいいんですか？

## 2 熱意ある応募文の作り方

ゴウ **押さえておいてほしいポイントがいくつかあるので、ご紹介します。**

### 1 応募するメディアを確認していることを伝える

ゴウ **1つ目は、「ちゃんと募集文を読んでるよ感のアピール」です。**

浅井 え、そんなのが必要なんですか？

ゴウ **はい、そうです。コピペに勘違いされる可能性を少しでも減らすためにも、応募文の冒頭で応募先のメディアの記事を読み、その内容を一部でもいいので、応募文に記載してください。**

> 今回は○○系の記事執筆ということで興味があり、応募しました。

ゴウ **これは「私は完全に使い回しの文章は送ってません。今回Webライターを募集しているメディアもチェックしましたよ」と、コピペじゃないことを文章に表したいからです。コピペの応募文だと判断された時点で終わりなので、勘違いされないようにしましょう。**

浅井 コピペと勘違いされたら悲しいですもんね……。

## ❷ 自分の有用性とその理由を伝える

**ゴウ　コピペだと判断されなければ、次の文章を読んでもらえますが、長ったらしい自分語りのような自己紹介を続けてはいけません。次に記載すべきは、今回募集されているジャンルに関連したエピソード（強みや経験、業務など）です。いわゆる自己 PR みたいなものですね。**

浅井　なるほど。具体的にはどのように書いたらいいのでしょうか？

**ゴウ　「今回の記事は〇〇ジャンルなので、〇〇の経験がある私は役に立ちます」と自分の有用性をアピールをするといいと思います。例えば、転職系メディアに Web ライターとして応募する際の応募文は、次のようなイメージです。**

> 私は、転職を希望する読者の悩みや不安に寄り添った記事を書くことができます。なぜなら、私には二度の転職経験があり、転職者の立場や不安を自分自身で体験したことがあるからです。

> 私は、転職を希望する読者の悩みや不安に寄り添った記事を書くことができます。なぜなら、私は人材派遣会社にて転職支援を 5 年間してきたので、転職を希望する方の悩みや不安を知っていますし、そして、どう寄り添うべきかを経験しているからです。

**ゴウ　このように、応募するメディアに関係したエピソードと「Web ライターとしてどう役に立てるか」を書いてください。**

## ❸ 有用性が浮かばない場合

浅井　いや、僕自身転職経験はあるんですが、その経験をそんないい感じに、「Web ライターとしてどう役に立てるか」なんて書ける気がしません。

ゴウ　それでも、できるだけ考えてください。AIに相談するのもおすすめです。ただ「私は、転職経験があります」とだけ書かれても、相手からすれば「それで？　だからなに？」となってしまいます。目の前の人すら説得できる文章を書けない人が、記事で不特定多数の読者を説得して動かせるかというと疑問が残っちゃいますよね。

浅井　うっ……たしかに。

ゴウ　さらには、クライアントは忙しいゆえに、「Webライターとしてどう役に立てるか」が書いていないときに、行間の意味までは考える時間がありません。

浅井　それもそうですね。

ゴウ　クラウドソーシングでは、一度募集をすると、何十件もの応募が来ることもあります。実際のところ、多くは、「ざっくりと応募者全員の応募文を確認して、『この人いい感じかも』と思った人の文章だけちゃんと見る」といった流れで採用は進んでいきます。

浅井　応募文くらいは、ちゃんと読んでくれると思っていました。

ゴウ　自分の文章がきちんと隅から隅まで読んでもらえるなんてことは、仕事においてはほぼないと思ってください。それくらいの気持ちで文章を書くと、「じゃあどうすれば読んでもらえるか」という発想にならざるをえないので、自然と伝える力が磨かれるはずです。

### ❹ 経験自体がないならブログを使う

浅井　ちなみに、プロフィールのところでも似たような話を聞きましたが、Web ライターとしてどう見せるかのまえに、関連しそうな経験がない場合はどうしたらいいですか？

ゴウ　**その場合は、ぜひ、ブログで同ジャンルの記事を書いてみてください。例えば、転職メディアで記事を執筆したければ、自分なりの解釈で良いので、「こうした内容の記事は転職メディアにあったほうが良さそうだな」と考え、記事を書いてみてください。そして、応募文にそのブログの URL を添えてみましょう。次のようなイメージです。**

> 転職の経験はありませんが、転職についての記事を書いた経験はあります。以下の記事をご覧ください。
> URL 〜〜
> ・狙ったキーワード：転職　●●
> ・ターゲット：▲▲

浅井　なるほど。でもこれだと転職経験がある人が有利ですよね。

ゴウ　**転職系メディアに応募する際に転職の経験がある Web ライターが有利なのは当然です。ただ、近いジャンルでブログに記事を書いていることは熱意が強く伝わるもの。自分が応募したときに比較される相手や評価してくれるクライアントによっては、転職経験以上にサンプル記事を書いてきたことが評価されることも十分にあります。こればっかりはタイミングや運に左右されることもあるので、応募はできるだけ、積極的にしましょう。**

### ❺ 実力を示す実績を添えよう

ゴウ　採用する際に重要視するのが、「そのジャンルに関連した実績」です。したがって、募集したい案件のジャンルに関連する記事があれば、URLを添えましょう。ただし、プロフィールのところでも触れたとおり、情報の取り扱いには十分に注意してください。

浅井　記事に「ライター：浅井」みたいに書いてある記名記事の場合は、その記事の実績を好きに書いてもいいですか？

ゴウ　その記事に、執筆したWebライターの名前が載る記名記事であれば、「書いた記事を紹介することそのもの」は問題ありません。しかし、「この記事で○○のキーワードで検索1位を取りました」などの情報は、クライアントにとって非常に重要な情報です。ツールを使えばわかる情報でありつつも、勝手に実績として出さないでくださいね。

### ❻ 募集文への質問には「絶対に」答えよう

ゴウ　軽視されがちですが、募集文にあるWebライターへの質問に対する回答を応募文に記載しないと、すぐに落選します。ただ、なぜか、平気で無視する人がたくさんいるんです。

浅井　正直、Webライター歴が全然ないときに「Webライター歴」を聞かれると答えにくいので、ほかの部分だけ答えたくなる気持ちはわかります。

ゴウ　それ、絶対にダメです。理由がどうあれ、質問への回答がない場合はシンプルに「コミュニケーションができない人」「最低限のルールも守れない人」「文字が読めない人」といった、かなりきつめの扱いを受けることになります。つまり、不採用確定です。Webライター歴がないなら「ない」と正直に回答しましょう。不安な場合は、「現時点での実績はないですが、△△の経験はあります」とか、「現時点での

**Web ライターとしての実績はないですが、関連ジャンルの記事をブログで書いています」といったフォローをしておくのも１つの手です。質問に対して、無視だけはしないようにしましょう。**

## 3 締めの文章で最後の一押しをしよう

ゴウ **さて、自己 PR として書いておくべき内容はすべて記載しましたかね。**

浅井 も、もうこれで十分ですかね？　プロフィールのところも含めてあれこれ書き続けて、さすがに疲れてきました……。

ゴウ **あとちょっとだから頑張ってください！　最後は、「この人は人柄が良さそうだから発注してもいいかも」と思ってもらえるような文章を添えましょう。具体的には、次のようなことを伝えられればOK です。**

- 応募文を読んでもらったことに対する感謝
- なんでも相談しやすそうな優しい雰囲気
- 執筆したい気持ち、やる気、熱意

ゴウ **特に、相談しやすそうな優しい雰囲気は大切です。次の文章例を見てください。**

ここまでお読みいただき、ありがとうございました。

もし、追加で気になる点などございましたら、お気兼ねなくお知らせくださいませ。

成果を出せるように精一杯頑張りますので、何卒よろしくお願いいたします。

**ゴウ** **この文章を見たら、優しそうな人だと思いませんか？　ここでアピールしたいのは、「優しい雰囲気」です。前節のプロフィールでも言いましたが、雰囲気は本当に大事です。クライアントも人間なので、偉そうなWebライター・怖そうなWebライターと仕事はしたくありません。**

## 4 まとめ：応募文の例

**ゴウ** **ここまでの内容を踏まえて、応募文を１つ作ってみたいと思います。**

■募集要項
・転職についてのメディア
・質問は「Webライター歴」「実績記事」

■応募文例
佐々木ゴウと申します。

転職系の記事執筆に興味があり、応募しました。

私には二度の転職経験があります。会社員として働きながら転職活動に取り組む時間的・精神的な苦労や転職後にキャリア形成ができるか不安に思う気持ちなど、転職したい読者の悩みや不安などに寄り添った記事を書くことが可能です。

また、募集要項内で頂いた質問に回答します。
・Webライター歴：なし

・実績記事：Web ライターとしての経験・実績記事はございませんが、ブログで転職についての執筆経験があります。
▼参考記事
https:// ～～
ここまでお読みいただき、ありがとうございました。もし、追加で気になる点などございましたら、お気兼ねなくお知らせくださいませ。

成果を出せるように精一杯頑張りますので、何卒よろしくお願いいたします。

ゴウ **お疲れ様でした。こんな書き方ができれば、かなり選考を通過できるようになるはずです。うまくいかない場合には、本当にこの本のとおりにできているか確認してください。また、自分ではなかなかわからないときには、ほかの人に添削を受けるのもおすすめです。**

# クラウドソーシングサイトで仕事を獲得する２つのコツ

株式会社クラウドワークス　田中 健士郎

column

ゴウ　クラウドソーシングサイトで仕事が取れなくてくじけそうなWebライターの皆さんへ、「中の人」ならではのヒントをください！

田中　**わかりました。では、クラウドワークスを例に、「中の人」だから言える、案件を獲得しやすくなるコツを２つ紹介しましょう。**

ゴウ　まず１つ目はなんでしょうか？

田中　**「すぐに応募すること」です。実は、クラウドワークスでは、募集が始まった当日に応募すると成約率が高くなります。なぜなら、仕事を急いでいて、早めに反応してくれた人から積極採用する依頼者が多いからです。締め切りまで時間があると、つい「少し考えてから応募しよう」と様子を見たくなりますが、日を追うごとに契約率は下がっていきます。良い案件を見かけたら、すぐに応募するのをおすすめします。**

ゴウ　たしかに、私の経験でも、遅れ気味で応募したものは通過率がちょっと悪かった気がします。

田中　**はい、スピードは大事です。スマホアプリを使うなどして、気になる依頼者からの募集が出たら通知が来るようにするなどアンテナを立てておき、案件が出たらすぐにアタックできるようにすると良いと思います。**

ゴウ　２つ目はなんでしょうか？

田中　**もう１つは、「実績を作ること」です。ある程度、実績や評価がついてくると、個別で非公開案件のスカウトが届くようになります。つまり、応募しなくても、依頼者側から仕事をお願いされるようになるのです。数字は出せませんが、非公開案件の数は公開案件よりも圧倒的に多く、しかも好条件なことが多いです。スカウト案件が取れるかは、稼げる Web ライターになれるかの分水嶺といえます。ただ、Web ライター職で未経験者の場合、それなりの条件のスカウトが来るまでには半年〜１年くらいは見ておく必要があります。**

**クラウドワークス　公開案件と非公開案件の違い**

| 公開案件 | | 非公開案件 |
|---|---|---|
| 多い | 件数 | 圧倒的に多い |
| 案件しだい | 報酬 | 高額案件が多数 |
| 競争が多く、成約しにくい | 受注 | 成約しやすい |

ゴウ　ある程度は辛抱する時期は必要ということでしょうか？

田中　**はい。その点、実績のためにとにかく案件を受けるのも必要です。しかし、積み重ねた実績は、必ずスカウトや優良案件の獲得につ**

**ながっていきます。コツコツと努力を重ねて、着実に案件を獲得できるようになっていってもらえればと思います。**

ゴウ　裏情報を教えていただき、ありがとうございました！

---

**株式会社クラウドワークス　田中 健士郎**

神奈川県逗子市在住。2015年株式会社クラウドワークスに参画、地方創生マネージャーとして、30以上の自治体と連携し、クラウドソーシングの普及を促進。2020年からはオンラインのスキル学習コミュニティ「みんなのカレッジ」を開校し、5,000人以上のクラウドワーカーに学びと仲間づくりの場を提供。個人の活動として Podcast on Spotify にて「田中健士郎の働き方ラジオ」を毎週配信中。

# 3章

# ブログを始めよう

3章-1

# Webライターにブログをおすすめする理由

浅井 ゴウさん、大変です！　教わったとおりにサンプル記事を用意し、プロフィールも作り込んでクラウドソーシングサイトで応募しているのですが、なかなか案件が決まりません。

ゴウ **まあ、そうなりますよね。**

浅井 え、どういうことですか？　ゴウさんに教わったとおりにやったのに……。

ゴウ **お話ししてきたように、Web ライターにはたくさんの仕事の可能性があります。ただ、実績も経験もない駆け出しの時期は、どうしても案件が決まるまでは苦労をするものです。**

浅井 そんなあ……。

ゴウ **ここまでのお話では、仕事をすぐに獲得できるチャンスを捨てないように、まずは営業に挑戦してきました。でもここからは、あせらず１つ１つ実績と経験を積み上げていくことで、確実に案件を獲得できるようになるのが目標です。具体的には、まずは、ブログ運用を始めましょう。**

浅井 どうしてブログなのでしょうか？　僕はブロガーではなくてWeb ライターになりたいんですが……。

ゴウ　Web ライターにとって、ブログは「記事制作のスキルアップの場」であり「営業ツール」であり「実験場」でもあります。しかも、ブログ単体での収益化も一応目指せるという、ほぼズルみたいなものなのです。やらない手はありません。

## 1 記事制作のスキル・知識が身につく

ゴウ　ブログをおすすめする１つ目の理由は、ブログを運営することで、記事制作のスキルや知識が身につくことです。スキルにもいろいろありますが、特に文章力はとにかく書かないと上がりません。本を読むなど勉強で身につくこともたくさんありますが、結局は、場数を踏むのが一番です。しかし、駆け出しの Web ライターの場合、常に記事制作の仕事があるとは限りません。

浅井　ブログを運営していれば、ライティングの仕事がなくても、記事を作る場があるので技術が身につくということですね。

ゴウ　そのとおりです。また、記事制作のスキル以外にも、知識が身につく価値も大きいです。ブログなら自由に記事を書けるので、自分が Web ライターとして狙っていきたいジャンルにもチャレンジができます。リサーチや情報収集を行いながらブログ記事を作るうちにどんどんそのジャンルに詳しくなれますし、最新の情報に置いていかれませんよ。

## 2 営業のためのサンプル記事置き場になる

ゴウ　ブログがおすすめな２つ目の理由が、「営業のためのサンプル記事置き場になる」ところです。ブログなら SEO 記事でも、取材記事でも、なんでも自由に書けます。そのため、これから取っていきたい記事のサンプルをいろいろと準備する場所としてもおすすめなんです。

浅井　取材やレビュー記事など興味のある仕事を任せてもらえると限らないので、「自分でサンプル置き場を作る」ということですね。

ゴウ　**そのとおりです。いろいろなサンプルを作ってブログで公開しておくと、営業時にURLを渡すだけで、どの程度のスキルを持ったWebライターなのかを簡単に理解してもらえます。**

**ブログで案件獲得できる**

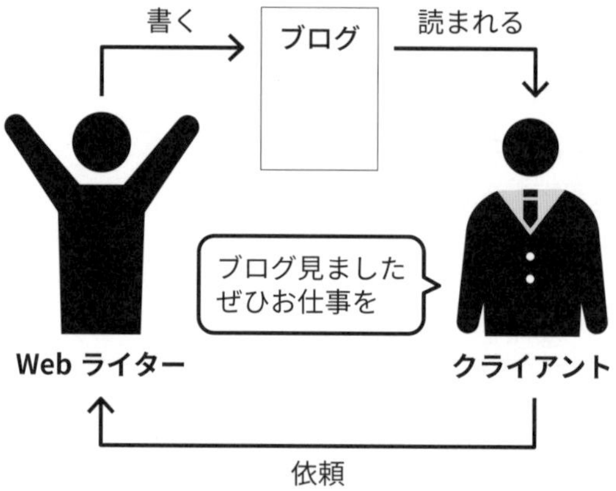


浅井　まさしく、名刺代わりですね。

ゴウ　**はい。「ポートフォリオ」といって、Webライターとしての実績をアピールする作品集をブログ上に用意しておけば、名刺代わりに自分のスキルや実績をクライアントに伝えられます。そのポートフォリオ置き場としても、ブログには価値があります。**

## ③ 自分だけの実験場が持てる

ゴウ　３つ目が、「自分だけの実験場が持てる」ところです。つまり、新しく知ったツールやテクニックの効果をすぐに試せる点です。インターネットでは、AI ツールや SEO ノウハウなどさまざまなツールやテクニックが日進月歩で開発されていますよね。これらを使いこなせるかで、Web ライターとしての価値やパフォーマンスは大きく変わってきます。

浅井　なるほど。

ゴウ　ただ、こうした新しいツールやテクニックには、情報漏洩や逆効果になるなどのリスクがつきものです。クライアントの記事でいきなり新しい AI ツールなどを試してなにか間違いを起こしてしまっては大変です。

しかし、自分のブログであれば、自由に試せるので、有効性が検証しやすいというわけですね。

**ブログは自分だけの実験場**

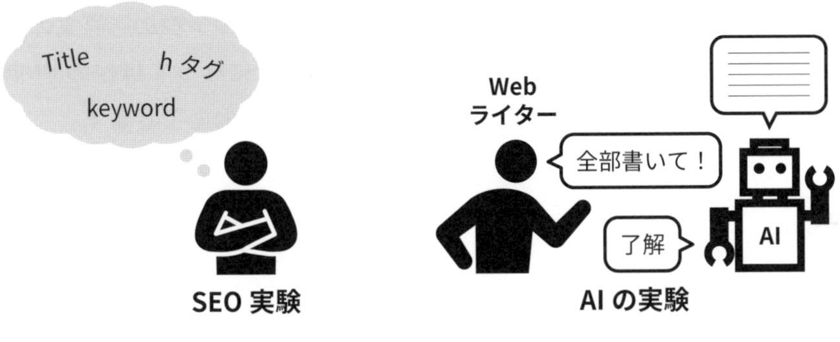

浅井 クライアントのサイトで実験するのはいけませんからね。

ゴウ **はい。絶対にしてはいけません。ちなみに私は、自分のブログで「AI に記事執筆をすべて任せる」ですとか、「本文は適当で見出しやタイトルだけしっかり SEO 対策した記事を出したら、順位はどうなるのか」などなど、日々検証をしています。**

## 4 執筆の外注をすることでクライアント側の目線が身につく

ゴウ **4つ目は、「クライアントの目線が身につく」ところですね。記事を受注して書くだけだと、なかなか記事制作の全体像が見えづらく、わからないことも多くなりがちです。同じ記事制作でも発注者か受注者の立場によって作業内容も考え方も異なるので、この溝はなかなか埋まりません。**

浅井 たしかに、依頼側の立場にはなりづらいですね。

ゴウ **はい。そこでブログなんです。ブログなら「編集」や「ディレクション」といった、クライアントの信頼がないと任せてもらえないような仕事も体験できます。2章のクラウドソーシングの応募文のところでも触れましたが、例えば、「自分が発注者になってほかの Web ライターさんに記事執筆をお願いする」みたいなこともできます。**

浅井 なるほど！　つまり、ほかの Web ライターに自分のブログ記事を書いてもらって、それを編集者やディレクターの立場で見ることで、擬似的にクライアント目線が体験できると！

ゴウ　冴えてますね、まさにそのとおりです。一度、発注者側の立場を経験しておくと、「どのような人が発注者として重要なのか」「発注者は応募してくるWebライターのどこを見ているのか」などがよくわかるので、自分が営業する際の参考にもできます。また、ブログを通して発注者と同じ経験をしておくと、今後その仕事を巻き取れるようにもなります。

## 5 案件獲得につながる

ゴウ　ブログで質のいい記事を書いて、検索上位に表示されたり、SNSで記事がシェアされていたりすると、クライアントの目にとまって、そこから仕事の依頼が来ることがあります。大手企業からも連絡が来るのであなどれないです。

**ブログは営業のサンプル記事置き場になる**

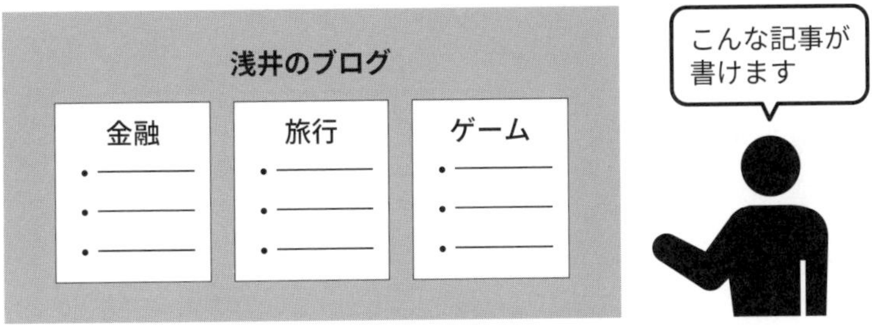


ブログが名刺代わりのような役割を果たすことも

## 6 収益化しながら進められる

ゴウ　最後に紹介するのが、収益化もできる点です。自分のブログなのでアフィリエイトや広告掲載も、企業からPR案件を受けて広告記事を書くのも自由です。収益を得ながら、ライティングのトレーニングをしたり、いろいろと試したりできるのは、ブログならではの魅力です。

# どんなジャンルで どんな種類の ブログ記事を書くか

浅井　早速、ブログを作成してみたのですが、なにをテーマにするかで悩みますね。

ゴウ　**いきなり「このテーマで SEO 記事を書いてみよう！」とは思い浮かべにくいと思います。そこで、ここでは具体的にどう方向性を考えたら良いかを説明します。**

## 1 ステップ１：興味のある「ジャンル」や「記事の種類」を考える

ゴウ　**まずは、自分の中で興味のある「ジャンル」と「記事の種類」を考えてみてください。例えば、次のように箇条書きで洗い出して考えてみましょう。**

**■ジャンル**

・金融

・節約

・転職

**■種類**

・SEO 記事

・取材記事

・セールス記事

※著者注：基本的に、どんな記事を書くにも取材をするべきです。そのため、「取材記事」を記事の種類として区別するのは悩ましいのですが、わかりやすさを重視して、便宜的に取材記事と呼んでいます。

## ②ステップ２：「ジャンル×種類」でブログの方針を考える

ゴウ　興味のあるジャンルや記事の種類を洗い出したら、どんな記事を書いていくのが良いかの方針を考えましょう。次のとおり、大きく４つのパターンに分かれます。

①ジャンル◯　種類◯　（ジャンルも種類も決まった）
②ジャンル◯　種類×　（ジャンルは決まったが、種類は決まらない）
③ジャンル×　種類◯　（ジャンルは決まらないが、種類は決まった）
④ジャンル×　種類×　（ジャンルも種類も決まらない）

### ❶ジャンル〇　種類〇　（例：金融ジャンルで取材記事）

ゴウ　まず１つ目は、「金融の取材記事を書きたい」など、興味のあるジャンルも記事の種類もどちらも明確なパターンです。この場合、そのまま書きたい記事を書けば OK です。ただし、書けるテーマが広すぎて、書くのがしんどくなるケースもよくあります。そんなときは、もう少しテーマを具体化しましょう。

浅井　具体化って、どのようにしたらいいのでしょうか？

ゴウ　「過去に自分でどのような経験をしたことがあるか」を思い返してみるのがおすすめです。例えば、「株式投資」をしたことがあるなら「初心者の自分が欲しかった情報」を振り返るわけです。そうすると、いろいろと具体化されたテーマが思い浮かんできます。

■株式投資を始めるときに知りたかった情報
- 未経験からの株式投資の始め方
- 初心者におすすめの銘柄の見分け方

ゴウ　このように自分の経験を思い返すと、大きなジャンルから具体的なテーマに落とし込むことができます。結果、取材先や記事の方向性もより考えやすくなるはずです。

**❷ジャンル〇　種類×　(例:金融ジャンルでなにかの記事)**

ゴウ　次は、「書きたいジャンルは決まったが、記事の種類は決まらない」です。「金融の記事を書きたいけれど、取材かセールスかSEOか、いったいなんの記事を書けばいいかわからない」人がこのパターンにあたります。

この場合は、いったんSEO記事を書いてみましょう。なぜなら、ほかの種類の記事と比べて書きやすいからです。取材記事は取材相手が必要ですし、セールス記事はなにかを売らないといけないので、駆け出しのWebライターには難易度が高い傾向があります。しかし、SEO記事であれば、検索するだけで「ほかのサイトはどういう記事を書いてるか」などのヒントを得られ、特に取材や物の用意をしなくても、ひとまずは書き始めることができます。まずは、とっつきやすいSEO記事を書いてから、記事の種類を広げていくのがおすすめです。

■記事の種類を広げる例
- 1～3記事目:「金融ジャンルでSEO記事」で書いてみる
- 4記事目:「金融ジャンルでセールス記事」で書いてみる
- 5記事目:「金融ジャンルで取材記事」で書いてみる

### ❸ジャンル×　種類○　(例:なにかのジャンルで取材記事)

ゴウ　３つ目は、SEO 記事や取材記事など「書きたい記事の種類は決まったが、ジャンルが決まらない」パターンです。ジャンルに関しては、「2-5 どんなジャンルで始めればいいかわからないとき」でお話した考え方を転用してみましょう。おさらいがてら説明しておくと、「興味があるかもしれないジャンル」を中心に、「稼ぐ」と「楽しむ」の２軸でジャンルを探してみてください。

### ❹ジャンル×　種類×
### (例:ジャンルも記事の種類もわからない)

ゴウ　最後は、「ジャンルも興味のある記事もない」というパターンですね。このパターンにあてはまる人も多いのではないでしょうか。この場合は、「②ジャンル○ 種類×」や「③ジャンル× 種類○」と同じように、まずは、「興味があるかもしれないジャンルと種類」にあたりをつけつつ、そこから SEO 記事を軸に広げていくのがおすすめです。特に、なにも思い浮かばないときは、クラウドソーシングの募集案件を眺めてみるのもいいでしょう。さまざまな仕事が掲載されているので、なにかしらのヒントを見つけやすいです。「書いてみてもいいかも」というジャンルにあたりをつけて、SEO 記事から書いてみましょう。

3章-3

# ブログでSEO記事を書く準備をしよう

ゴウ **ブログで書きたいジャンルや種類が決まったら、記事を実際に書く準備を始めましょう。ここでは、取り組みやすいSEO記事を例に、なにを書くかの企画部分までをお話していきます（具体的なSEO記事の概要や執筆手順は、4章で後述します）。**

## 1 キーワードを考える

ゴウ **SEO記事を書くときは、まずはユーザーに検索してもらうためのキーワードを考える必要があります。**

浅井 キーワードはどのように考えると良いのでしょうか？

ゴウ **例えば、金融ジャンルでご自身が「株式投資を始めたばかりの頃に知りたかったこと」を振り返りつつ、「初心者におすすめの銘柄の見分け方」を書きたいと思ったとしましょう。このときは、「初心者　おすすめ　銘柄」など、シンプルにテーマを単語に直してキーワードを考えていきます。悩んでいた当時の自分ならどう検索するかなと、考えてみるのもいいですね。**

浅井 でも、本当にこのキーワードでいいのかなあと悩んでしまいそうです。検索上位が取れるのかな、ですとか。

ゴウ **誤解を恐れずに言うと、いったん、この時点では検索上位が取れるかなどは気にせず、ざっくりとキーワードを選んでしまって大丈夫です。本来、SEO記事のキーワードを上位表示を目指す観点で選**

ぶときは、次のようなことを検討する必要があります。

**キーワードを選ぶときに検討される主なこと**

| | |
|---|---|
| ①検索ボリューム | どれくらい検索されているか |
| ②競合の強さ | 検索上位にいる競合が、どんな記事を書いていてどれくらい強いか |
| ③上位表示の難易度 | ①②を加味したうえで、上位に表示させやすいかどうか |

※あくまで「上位表示」の観点のみ

ゴウ　しかし今は、すべて無視して構いません。あくまでWebライターとしての実績や経験を積むのが目的だからです。

浅井　検索上位が取れたほうが良いと思うのですが……。

ゴウ　はい。もちろん、検索上位を取るに越したことはありません。ただ、残念ですが、個人ブログで検索上位を目指すのは過酷です。例えば、金融ジャンル。いくら個人ブログですぐれた記事を書いたとしても、超大手の証券会社が「株式投資　初心者　おすすめ」のキーワードでそこそこの品質の記事を書いていたら、だいたい証券会社の記事のほうが上にきます。

これは、Googleが考えるサイトの信頼性や専門性の影響です。こういった検索エンジンの仕組みがある以上、個人ブログが上位を取りづらいのはどうしても仕方がないことなのです。

個人ブログが一朝一夕で上位表示を目指すのは過酷

ゴウ　もちろん、ニッチなジャンルやキーワードなら個人ブログでも十分に上位表示が狙えます。

浅井　わかりました。

ゴウ　Web ライターにとって個人ブログで大事にするべきは、検索上位かどうかよりも、「記事単体としての質」や、「この記事をどういう理由で書いたか」「どういうふうに書いたか」をクライアントから聞かれたときに、過程を明確に説明できることです。

## 2 ターゲットを考える

ゴウ　次に、ターゲットです。これはキーワードが決まれば、SEO 記事的にはだいたい自動的に決まります。実際にそのキーワードで検索したときに上位に表示されている記事の読者像が、そのままターゲットになるということです（詳しくは、４章でお伝えします）。

## 3 並行してゴールを考える

ゴウ　１章で「ビジネス貢献の視点を持ち、クライアントのマーケティングを考えて活動できる Web ライター」が求められているという話をしました。クライアントは、「ビジネス貢献してくれそうな Web ライターか」を重視しています。なので、このビジネス貢献の視点を持っていることを、ブログでも伝えたいですよね。そこで必要になるのが、「ターゲット」が欲しくなる「ゴール」です。

浅井　どういうことでしょうか？

ゴウ　例えば、「キャンプ　ソロ」というキーワードで SEO 記事を書くとして、ターゲットが「初心者で、キャンプグッズを探している人」だったとします。この場合、初心者が欲しくなるようなテント、クッキングセットの購入をゴールとするイメージです。

読者が欲しくなりそうなものであれば、寝袋でもなんでも構いません。どうしても浮かばないようであれば、例えば、以下のように AI に聞くのもおすすめです。

**AI への質問**
SEO のキーワードが「〇〇」だとして、ターゲットが「△△」だとします。記事のゴールとしてどんな商品・サービスを読者におすすめするべきですか？　具体的な商品・サービス名とともに教えてください。

**AI の回答（イメージ）**
テント：

商品名：Goalman（ゴールマン）ドームテント
理由：初心者にとって設営が簡単で、価格も手頃。耐久性や防水性もあるため、初めてのキャンプでも安心して使用できる。

寝袋：
商品名：MontShell（モンシェル）グッドフィールド
理由：軽量でコンパクトに収納可能。初心者にとって持ち運びやすく、保温性も高い。

クッキングセット：
商品名：ZODO（ゾド）マイクロレギュレーターストーブ
理由：コンパクトで使いやすい。初心者でも火力の調整が簡単。

ランタン：
商品名：Slow Speak（スロウスピーク）ミニハザードランタン
理由：軽量で持ち運びやすい。初心者でも操作が簡単。

チェア：
商品名：Wellbox（ウェルボックス）チェア
理由：軽量で持ち運びやすく、設営も簡単。初心者でも扱いやすい。

**ゴウ　そのまま鵜呑みにはできませんが、執筆のヒントとしては十分ですよね。詳しく見ていくと、「そういえばチェアも重要だよな」「ランタンもあったな」といった気づきが得られます。先ほどもお伝えしましたが、こういったAIを活用した執筆にチャレンジしやすいのも、ブログならではです。実績も作りつつ、実験も行いつつといった感じで、あれこれ意図や思惑を持ってブログ記事を書いていけると、Webライターとして成長も早くなりますよ。**

# WordPressでのブログ運営はWebライターの第一歩

GMOインターネットグループ株式会社　山之口 絵里

こんにちは、GMO インターネットグループ株式会社の山之口と申します。

ここでは、Web ライターを目指しているみなさんへ向けて、「コンテンツマネジメントシステム『WordPress（ワードプレス）) でのブログ構築・運営を経験しておきましょう！」というお話をします。

こう言うと、「ブロガーは目指していません」「無料のブログサービスで書いてます」なんて声が聞こえてきそうです。しかし、WordPress を触れるのと触れないのとでは、Web ライターとしての仕事量に大きな差が生まれてしまうのです！

どういうことか、具体的に説明しますね。実は、WordPress は、日本のコンテンツマネジメントシステムのシェアで、なんと84.4%を誇っています！

※出典：hubspot日本語公式ブログ　https://blog.hubspot.jp/

そのため、Web ライターの仕事をしていると、ほぼ間違いなく WordPress 関連の依頼や相談を受けることになります。例えば、以下のとおりです。

**Webライターがよく依頼されるWordPressの作業**

・WordPress への下書き入稿および公開
・パーマリンクやメタディスクリプションの設定
・テーマやプラグインの変更にともなう記事の修正作業

経験がないと言葉の意味すらわからないかと思いますが、これらは実は、簡単な基本作業です。一度覚えてしまえば難しいことはありません。しかし、知識や経験がないばかりに対応ができず、「この人はWordPressもわからないのか」と思われて、依頼を見送られたり、報酬を減額されたりすることが、現実によく起きています。

というのも、メディアを運営するクライアント側からすれば、WordPress入稿は当たり前の作業。パーマリンク（URL設定）やメタディスクリプション（検索結果に表示される概要）の設定、プラグイン変更にあわせた記事修正ができるWebライターさんはたくさんいるので、知識がない人にわざわざ教えるのは、とっても手間に感じてしまうのです。

反対に、WordPressが使えれば、「このリンクを一括で挿入しておいて」といったように、更新作業を任せてもらえることもあります（意外と報酬も良いんですよ！）。さらには、Webライターとしてだけでなく、メディア全体の話をするディレクション的な仕事が取れたり、メディアの立ち上げをお願いされたりと、クライアントの役に立つ存在になれるんです！

WordPressを使ったブログ運営は、Webライターの仕事を発展させる最高のトレーニングになります（文章力を鍛える練習にもなります！）。

お金もかかるし面倒そうだな、大変そうだなと思うかもしれませんが、当社の「ConoHa WING」（コノハ ウイング）のように、安くて簡単に始められる良いサービスもたくさん登場しています。

※参考：ConoHa WING https://www.conoha.jp/wing/

ぜひ、チャレンジしてみてくださいね！

---

**GMOインターネットグループ株式会社　山之口 絵里**

同社入社9年目。「ConoHa WING」をはじめホスティングサービスのWebマーケティングを担当。日々、顧客のニーズに寄り添った戦略を立案。

4章

# SEO記事のライティングを始めよう

# 取り組みやすいSEO記事で文章力を上げる

ゴウ **Web ライター初心者が「文章力」を上げていく方法の中でぜひ押さえてほしいのが、「SEO 記事」の執筆です。**

浅井 SEO 記事……SEO ってなんですか？

ゴウ **SEO は Search Engine Optimization の略で、検索エンジン最適化のことです。簡単に言うと「Google や Yahoo！などの検索結果で Web サイトを上位に表示させること」ですね。**

浅井 なんで上位表示を狙うんですか？

ゴウ **たくさんの人に自社サイトに訪れてもらうためです。浅井さんは Web 検索するとき、数あるサイトの中からどれを開きますか？**

浅井 んー、上のほうに表示されているサイトを見ることが多いですね。

ゴウ **ですよね。検索結果で上位表示できれば、それだけ多くの人を自社サイトに集客できる確率が上がります。自社の Web サイトに人を集めることで、ブランドやサービスを知ってもらったり、あるいは、資料の請求や商品の購入につなげたりしています。この SEO を目的に作られる記事が「SEO 記事」です。**

浅井 SEO記事ではどのような内容を書くのですか？

**ゴウ SEO記事の内容は、メディアの意向によってさまざまですが、特定の悩みを抱えている人に向けて、その悩みを解決できるような情報を紹介する記事を書くことが多いです。**

## 1 初心者こそSEO記事がおすすめな理由

浅井 なぜ、SEO記事の執筆が初心者におすすめなんですか？

**ゴウ その理由は、次の６つです。**

**Webライター初心者がSEO記事から始めるべき６つの理由**
①基本的なライティングスキルが学べる
②案件数が多いので好きなジャンルで書ける
③初心者向けの案件が多い
④継続して仕事がもらいやすい
⑤経験と実績が作りやすい
⑥ほかの仕事につながる

### 1 基本的なライティングスキルが学べる

**ゴウ まず、SEO記事の執筆で、基本的なライティング技術が網羅的に学べる点です。SEO記事に限らず、Webライティングでは次のようなスキルが必要になります。**

| Webライターに必要なスキル | |
| --- | --- |
| コミュニケーション力（対人力） | クライアントと円滑にコミュニケーションを取る力 |
| リサーチ力（インプット力） | クライアントの目的や商材の特徴を理解したうえで、記事に必要な情報を取得する力 |
| 文章力（アウトプット力） | 目的達成のために必要な情報をわかりやすく文章化し、読者を動かす力 |

ゴウ **SEO 記事の執筆を進めるにつれて、これらのスキルは自然と身についていきます。**

浅井 でも、学ぶの大変そうですね。全部マスターできるか不安になってきました……。

ゴウ **安心してください。１つずつ学んでいけば問題ありませんし、これらを実現するためのノウハウを、本書で紹介します。**

### ❷ 案件数が多いので好きなジャンルで書ける

ゴウ **SEO 記事は案件数が多く、好きなジャンルで書けるため、取り組みやすい傾向にあります。**

浅井 例えば、どんなジャンルがあるんですか？

ゴウ **大きく分けると、「BtoB（法人向け）」と「BtoC（個人向け）」の記事があります。それぞれ次に例を記載しますね。**

| 記事のジャンルの例 | |
| --- | --- |
| BtoB（法人向け） | ・経理<br>・マーケティング<br>・DX<br>・物流 |
| BtoC（個人向け） | ・エンタメ<br>・グルメ<br>・美容<br>・旅行 |

浅井　食べるの大好きなので、グルメとか興味あります！

ゴウ　**これ以外にもさまざまなジャンルがありますので、書きたいジャンルが決まっていない場合は、とりあえずクラウドソーシングを眺めてみてください。**

### ❸ 初心者向けの案件が多い

ゴウ　**また、初心者向けの案件が多いことも、SEO 記事を最初におすすめする理由です。**

浅井　SEO 記事って、初心者向けの案件が多いんですか？

ゴウ　**はい。実際にクラウドワークスやランサーズなどのクラウドソーシングで SEO 記事を検索してみると、「初心者 OK」と書かれた仕事がたくさんあります。**

浅井　ほんとだ！　……でもなんで、SEO 記事は初心者向けの案件が多いんですか？

ゴウ **まず、単純にSEO記事の案件数が多いからです。SEOでは、記事数の多いメディアが評価されやすい傾向にありますし、書くべき記事も膨大な数があります。また、取材記事やセールス記事と比較すると、低コストで作れます（高単価なSEO記事もありますが、低単価案件が多いのも事実です）。**

浅井 SEOって実際簡単なんですか？

ゴウ **いえ、「SEO記事が簡単」というわけではありません。ですがSEO記事は、取材記事やセールス記事と比較して編集者があとからフォローや調整を入れやすく、最終的な記事の品質を担保しやすくなっています。だからこそ初心者にも任せやすく、案件数も多いんです。**

### ❹ 経験と実績が作りやすい

ゴウ **４つ目の理由が、SEO記事の執筆はライティングの経験を積みやすいことです。SEO記事は案件数が多いぶん、好きなジャンルの記事に出会いやすいです。そのため取り組みやすい傾向があります。**

### ❺ 継続して仕事がもらいやすい

ゴウ **SEO記事はその仕組み上、ある程度たくさん制作する必要があります。SEOに力を入れている企業の場合、１つのメディアでSEO記事を月に数十本制作するケースも少なくありません。こうした案件を受注できると、継続して執筆の依頼をもらえる可能性が高まります。なかなか仕事が取りづらい初心者の時期に、安定した収入が得られるのは、気持ちのうえでも非常に楽になるはずです。**

浅井 継続案件の受注を増やしていけば、収入も右肩上がりに増えていきそうですね。

### 6 ほかの仕事につながる

ゴウ　SEO 記事を通じて実力が認められ、継続案件としてやり取りが活発になってくると、ほかの仕事を任せてもらえることがあります。

浅井　例えば、どのような仕事を任せてもらえるんですか？

ゴウ　よくあるのは、別メディアの執筆や、ほかの Web ライターが書いた記事の編集です。ほかにも、取材記事やメールマガジン、ダウンロード資料などの執筆を依頼してもらえるかもしれません。その点、SEO 記事は Web ライターにとっての登竜門的な仕事ともいえます。

## 2 理想の仕事はあとでもできる

ゴウ　Web ライターを始める方の中には、「取材記事を執筆したい」「セールスの記事が書きたい」など、自分のやりたいことに挑戦したいと考える方もいますよね。

浅井　それ、まさに僕のことです。

ゴウ　たしかに、どの種類の記事を書くかは自分で選べるので、好きなことに挑戦したいと考えるのは自然なことだと思います。ですが、実績も伴っていない中で、いきなり好きな仕事を受けるというのはなかなか難しい場合があるものです。先述したとおり、取材記事やセールス記事は、初心者向けの案件が少なく、実績がある人に依頼が集中します。

浅井　ぐぬぬ……。

ゴウ **もちろん、技術があるなら別です。しかしそうでなく、これから実績を作っていくのであれば、まずはSEO記事のように受けやすい仕事でWebライティングやコミュニケーションのスキルと実績を積み、その後、自分の理想とする仕事に挑戦してみてはいかがでしょうか。**

浅井 「千里の道も一歩から」ってやつですね。

ゴウ **なお、取材記事のライティングについては、拙著『デジタル時代の実践スキル　Webライティング　読者が離脱しない、共感&行動を呼ぶための最強メソッド』で、企画から執筆まで詳しく紹介していますので、あわせて参考にしてみてください。**

# SEO記事の執筆の流れ

浅井　初心者にSEO記事がおすすめなことはわかりました。でも、どのように執筆すればいいのか、全然わからなくて……。

ゴウ　**SEO記事の執筆手順には「基本の型」があるので、それを紹介します。**

## 1 SEO記事を書く「基本の流れ」

ゴウ　**ではここから、SEO記事の具体的な書き方をお伝えしていきます。「基本の流れ」を見ていきましょう。**

| 工程 | 作業内容 |
|---|---|
| ①上位表示を狙うキーワードを決める | なんのキーワードで上位表示を狙うか先方と合意する |
| ②リサーチする | 記事を書くのに必要な情報を集める |
| ③構成を組む | どんな内容をどんな順番で書くかの骨子を考える |
| ④執筆する | 構成をもとに内容を肉づけする |
| ⑤推敲する | 書いた内容を見直して仕上げる |
| ⑥入稿する | WordPressなどで記事を公開できるようにする |

浅井　キーワードを決めるのも、入稿するのも、Webライターのお仕事なんですね。

ゴウ　**なにをどこまで担当するかは案件によって変わります。①〜⑥まですべてWebライターに任せられるケース、②〜⑤だけ依頼されるケース、①〜③までが済んでいてその続きから依頼されるケースなどですね。基本的には、案件に必要なステップだけを覚えておけば、SEO記事の執筆の仕事はできるようになります。ですが、初心者であっても、全体像をしっかり把握しておくようにしてください。**

浅井　なんでですか？　自分の役割だけ覚えておけばよくないですか？

ゴウ　**前後のステップを把握できていれば、前後の工程を配慮した立ち回りができるようになるからです。例えば、自分の担当が「④執筆する」までだったとしても、その次のフローが「⑤推敲する」だと把握していたら、できることがあると思いませんか？**

浅井　たしかに、推敲担当者が進めやすいように、納品時に「ここを重点的に見てほしい」「ここが不安なので意見がほしい」といったコメントを残せそうです。

ゴウ　**そうなんです！　当然、それを見たクライアントからの評価も高まるので、依頼を継続してもらえたり、報酬をアップしてもらえたりする可能性は上がります。**

浅井　だからこそ、自分の担当じゃなくても、業務全体の流れを理解しておくことが重要なんですね！

ゴウ　では、各ステップの詳細を見ていきましょう。

### ❶ ステップ１：上位表示を狙うキーワードを決める

ゴウ　「どんなキーワードで上位表示を狙うか」が決まっていないと、SEO 記事を書くことはできません。「なんでもいいので SEO 記事を書いてください」と言われたら、困りませんか？

浅井　たしかに、どんなテーマで記事を書けばいいのかわからず困っちゃいますね。

ゴウ　ですよね。なので、SEO 記事執筆の依頼を受けたらまず、「執筆する記事で上位表示を狙うキーワード」をクライアントに聞くようにしましょう。なぜか、明確でないことが意外とあります。

### ❷ ステップ２：リサーチする

ゴウ　どのキーワードで上位表示を狙うのか決まったら、「リサーチ」を始めます。

浅井　リサーチ！　Web ライターって感じがしますね。

ゴウ　基本的に検索エンジンは「キーワードで検索する人の知りたいことが説明されている記事」を上位表示します。つまり、「そのキーワードで検索している人が知りたいことはなにか」をリサーチする必要があるわけです。

浅井　自分が知っていることを好きなように書くだけでは、なかなか上位表示させることはできないんですね。例えば、どのような方法で情報を集めるんですか？

**ゴウ** **検索上位に表示されているライバルサイトを調べたり、雑誌や論文を読んでみたり、読者の悩みを聞いて集めてみたりなどを行います。詳しくは、次の「リサーチ」の節でお伝えしますね。**

### ❸ ステップ3：構成を組む

**ゴウ** **リサーチが終わったら、ここからいよいよ記事の執筆らしい作業に取りかかります。なにかというと「構成」の作成です。**

浅井 構成ってなんですか？

**ゴウ** **構成とは、「どんな内容を、どんな順番で書くか」をまとめた記事の骨組みのことです。**

浅井 本の「目次」みたいな感じですか？

**ゴウ** **そのとおりです！　目次の各章でなにを書くかを、箇条書きなどで簡単にまとめたものを構成と呼びます。**

**構成とは記事の全体像をまとめたもの**

中見出し：Web ライターとは？
中見出し：Web ライターの主な種類３つ
　小見出し：SEO 記事ライター
　小見出し：取材記事ライター
　小見出し：セールス記事ライター
中見出し：Web ライターのメリット
　小見出し：メリット①始めやすい
　⋮

**構成のイメージ**

浅井　でも、なんで構成を作るんですか？　いきなり文章を書き始めたほうが早い気がして……。

ゴウ　**いきなり文章を書き始めると「話が取っ散らかって、わけのわからない記事になる」「次になにを書くか迷って、トータルでものすごい時間がかかる」といったケースが多発するからです。**

浅井　う～ん、そうなんですか？　執筆の経験がないので、あんまりイメージがわかなくて。

ゴウ　**例えば、「ライターのなり方」という記事を書くとします。すごく広いテーマですよね。これ、いきなり文章を書くとしたら、いったいなにから書いて、途中でどんな話を入れて、どうやって終わらせるか……。これをすべて完璧にできそうですか？**

浅井　たしかに……。変な方向に行ったりしそうです。

ゴウ **特に初心者のうちはしっかりと構成を組むのが重要です。詳しい作り方は、「4-4構成を組む」でお伝えします。**

### ❹ステップ4：執筆する

ゴウ **構成が決まったら、ここでようやく記事の「執筆」です。構成で用意した情報を文章にしていきます。執筆の詳しい方法は、「4-5執筆する」で紹介しますね。**

### ❺ステップ5：推敲する

ゴウ **記事を書き終えたら、最後の仕上げとして「推敲」を行います。自分が書いた記事を読み返し、内容の誤りや誤字脱字、炎上につながる表現がないかなどをチェックし直していきましょう。執筆直後はやりきった満足感や締め切りの都合から、早いところクライアントへ原稿を提出したくなるものです。ですが、そこをぐっとこらえて、しっかり推敲に時間をあてることをおすすめします。**

浅井 推敲って、そんなに重要なんですか？

ゴウ **非常に重要です。執筆時は「問題ない」と思って書いた箇所も、読み返してみると意外と手直しが必要なことがあるからです。と言うか、めちゃくちゃあります。私自身、これまで「推敲したけど直すところがなかった」なんていうケースは、一度もありません。**

浅井 そうなんですか？

ゴウ **そのまま直さずに提出してしまえば、「ミスが多い人だな」「なんか違和感のある文章だな」と思われるなど、そのあとの仕事に悪影響を及ぼします。じっくり腰を据えて取り組むようにしてください。**

詳しくは、「4-6推敲する」で紹介します。

**❻ ステップ6：入稿する**

ゴウ　推敲が終わったら、執筆した記事をクライアントのメディアに「入稿」します。これで、晴れて記事が公開できるようになります。

## 2 クライアントの期待を超え、「脱初心者」に

ゴウ　ここまでで、SEO記事執筆の「基本の流れ」をお伝えしてきました。自分の役割を認識し、やりきることができれば、経験が少ないWebライターでも「クライアントの期待に応えられる記事」は執筆ができます。

浅井　第一段階クリアですね！

ゴウ　はい！　しかし、さらなる成果を目指して「クライアントの期待を超えるような記事」を書くとなると、もう少し踏み込んだ対応が必要になってきます。

浅井　よりクライアントに評価してもらうには、「期待に応える」のではなく「期待を超える」んですね。

ゴウ　以下、ぜひできるようになってほしい行動を2つほどご紹介します。これらができるようになれば、記事の品質、ひいてはクライアントからの評価はより高くなります。将来的に目指すべきものとして押さえておくようにしてください。

### ❶ 仮構成

**ゴウ** **まず１つ目が「仮構成」です。仮構成とは、リサーチ前の「まっさらな状態」で読者の検索意図を考えて、構成を作ることです。タイミングはキーワードを決めて合意をしたあと、もしくは合意するタイミングで同時に行います。**

浅井 なんで仮構成を作るんですか？

**ゴウ** **まっさらな状態で構成を考えると、リサーチで調べたライバルサイトや書籍・雑誌の内容などに引っ張られることなく、純粋に「読者のことだけ」を考えた構成案を組みやすいからです。その結果、ほかのメディアにはない情報や観点を記事に盛り込めるようになる可能性が高まるため、結果として、「独自性（Google に評価される要素）」が強くなります。**

浅井 でも、自分でゼロから考えるのって難しそうですね。

**ゴウ** **そうなんです。仮構成をこなせるようになるためには、その前提となる「ジャンル」や「SEO」に関する知識と経験が必要です。**

### ❷ プチ取材

**ゴウ** **２つ目が「プチ取材」です。プチ取材とは、例えば、専門家やクライアントなど執筆しようとしている記事の分野に詳しい人に少しだけ話を聞くことです。おすすめのタイミングは、構成を作成したあとです。**

浅井 プチ取材をすると、どんなメリットがあるんですか？

ゴウ　プチ取材をすると、「正確な情報を書ける」「他社にはない価値の高い情報を盛り込める」などいろいろなメリットがあります。特に、SEO 記事として価値が高いのは前者です。例えば、「法人向けのセキュリティシステム」について書く場合、Web ライターが常に最新の情報を把握し続けるのは難しくありませんか？

浅井　はい。調べてもなかなか出てきませんでした……。出てきてもなんだか小難しいし、正しいかどうかよくわかりません。

ゴウ　そんなときに、専門家やクライアントの会社の担当者といった「情報を持っている人」に話を聞くことで、正確性を担保できるようになります。また、専門家の意見を盛り込んだインタビュー要素もある記事にすることで、他のメディアには出せない独自性を生み出すこともできます。こうした独自性ある記事はGoogleにも優遇されるので、SEO 記事としては大きな強みになります。

浅井　調べる時間を削減できて、記事の質も上がるので、Web ライターもクライアントも Win-Win ですね。積極的にクライアントや専門家にプチ取材するようにします！

ゴウ　しかも実は他にもメリットがあります。それは、クライアントのサービスの強みを引き出せることです。正直、Web か書籍などを活用すればほとんどの記事を書くことはできます。ただ、Web ライターに求められるのは、本来「書いた記事を通して成果を出すこと」です。であれば、クライアントの強みを記事にしておくことに大きな価値があります。例えば、クライアントが「高いけど高品質」なのに、記事で「安さが大事」なんて書いたら、貢献どころか足を引っ張ることにすらなりかねません。しかし、「クライアントがなにを推したいか」≒「営業方針」は、常に変わる可能性があります。だからこそ、「プチ取材」で聞くわけです。

浅井　これはどんどんやるべきですね！

ゴウ　**ただし、プチ取材はクライアントから時間を追加で提供してもらうことでもあります。それだけに、依頼するからには「ただ話を聞く」のではなく、きちんと「記事に活かせる、有意義な場」にする責務がWebライター側に発生します。**

浅井　たしかに！

ゴウ　**ですから、依頼するときは、SEOに必要な構成まで考えたうえで、具体的に「この内容について教えてください」とテーマを明確にして打診を行いましょう。また、わからない部分だけ確認するようにし、20〜30分、長くても1時間くらいで終わることを目指しましょう。**

# リサーチする

ゴウ キーワードが決まってまず最初に取り組むのが「リサーチ」です。リサーチとは、記事の執筆に必要な情報を集めることで、構成や執筆を進めやすくするための作業です。

| 工程 | 作業内容 |
|---|---|
| ①上位表示を狙うキーワードを決める | なんのキーワードで上位表示を狙うか先方と合意する |
| ②リサーチする | 記事を書くのに必要な情報を集める |
| ③構成を組む | どんな内容をどんな順番で書くかの骨子を考える |
| ④執筆する | 構成をもとに内容を肉づけする |
| ⑤推敲する | 書いた内容を見直して仕上げる |
| ⑥入稿する | WordPressなどで記事を公開できるようにする |

## 1 リサーチまえに押さえておくべきこと

ゴウ Web ライターとしての仕事の請け方しだいではありますが、SEO 記事では「自分が詳しくないことについての記事」を書くこともあります。

例えば、離婚経験がないのにバツイチのブログ記事を書いたり、経理業務の経験がないのに BtoB の経理ノウハウ記事を書いたりなどです。

**そのため、成果につながるSEO記事を書くためには、質の高いリサーチが欠かせません。**

浅井 SEO記事を執筆するなら、リサーチ作業はほぼ必須なんですね。

ゴウ **ええ。リサーチにはいろいろな方法があり、しかも、突き詰めていけばどこまででも調べることができてしまいます。それだけに沼にはまりやすい工程です。**

浅井 気づいたら何時間もリサーチしていた……なんてことがありそうですね。

ゴウ **そこでこの節では、「沼にはまらないように、しっかり必要最低限のリサーチができる」ことを目指して、基本的な観点をお伝えしていきます。**

### ❶ 読者の検索意図を押さえておく

ゴウ **リサーチの第一段階として、「読者の検索意図」を押さえておきましょう。**

浅井 検索意図ってなんですか？

ゴウ **検索意図とは、「このキーワードで検索する人が求めている情報」のことです。例えば、「バツイチ 再婚」で検索する人ならバツイチが再婚する方法、「母の日 ギフト」で調べる人なら母の日のプレゼント選びに迷っている人へのおすすめのギフトなどです。読者は「したい」「知りたい」「行きたい」「買いたい」といった気持ちを解決したいから検索をしています。これらの気持ちを解決できる記事が良い記事ですか**

**ら、検索意図の把握は欠かせません。**

浅井　検索意図の重要性、わかりました！　では、どのように検索意図を把握すればいいんですか？

ゴウ　**例えば、「バツイチ　モテる方法」というキーワードでSEO記事を書く場合で見ていきましょう。**

浅井　例えがバツイチばっかり……。

バツイチ　**このキーワードの検索意図はなんだと思いますか？**

浅井　キーワードは「バツイチ　モテる方法」ですよね。んー、バツイチの人が恋人を探していて、モテる方法を探してるんだと思います。あ、単純にチヤホヤされたいだけの人もいそうです。

バツイチ　**そのとおりです！　検索意図を把握しないまま、なんとなく記事を書いてしまうと、次のようにズレてしまいかねません。**

**■「バツイチ　モテる方法」のキーワードに対する記事テーマ**

●検索意図に沿っている
- バツイチはハンデじゃない！　経験を活かしてモテる方法5選

●検索意図に沿っていない
- モテるバツイチが教えるお金持ちになる方法

浅井 たしかに、どちらも「バツイチ　モテる方法」というキーワードが入っていますが、検索意図に沿っていないほうの記事はコレジャナイ感がありますね。

バツイチ **検索した人の悩みを解決できない記事では、検索結果で上位表示を目指せません。**

### 2 Googleの解釈にも意識を向けておく

ゴウ **読者の検索意図とあわせて把握しておきたいのが、「Google側の検索意図の解釈」です。例えば、ふだん自分の調べ物で検索をしているときに、「自分の検索意図」と「Googleが用意する検索意図への回答」がまったく異なるケースと出くわしたことはありませんか？**

浅井 ちょうど先日、次のように「欲しい記事が上位にない！」と思ったことがあります。

**■「噛む回数 多い　食事」というキーワードの場合**
・浅井の検索意図：「噛む回数が多くなる食事」を知りたい
・Googleの検索結果：「食事で噛む回数を増やすメリット」の記事を上位表示

ゴウ **Googleは、基本的にはなるべく多くの読者の疑問や不安を解決できる記事（＝検索意図に応える記事）を上位に表示しようとします。ということは、SEO記事としてGoogleで上位表示を狙うためには、Google側が「どんなテーマの記事が、検索意図に応えるものだと解釈しているか」も把握しておく必要がある、ということです。もし、自分の検索意図とGoogleの検索結果に表示された記事が異なる場合、初心者のうちは、クライアントと相談しつつですが、基本的にはGoogleの検索結果の記事テーマに合わせて執筆しましょう。**

### ❸ 読者は１人１人違う

ゴウ　当たり前ですが、読者は１人１人違います。「バツイチでもモテたい」といっても、それが20代なのか40代なのかなど、人によって異なりますよね。１つの記事でこれらすべての人に刺さる記事を書くことはなかなかできません。そのため、「どんな人に向けて書くのか」を絞ることになります。

浅井　どのように絞ればいいんですか？

ゴウ　「検索結果の上位にある記事が、誰向けなのか」から判断します。例えば、「バツイチの男性がモテる方法〇選」という記事ばかりが上位表示されていれば、「バツイチ モテる方法」というキーワードでは、男性向けに記事を書くことなどです。

## ２ Web上でのリサーチ方法

ゴウ　それでは、ここから具体的なリサーチの方法を説明していきます。まず紹介するのが、Web 上で機械的にリサーチする方法です。わかってしまえば誰でもできる、取り組みやすいやり方ですので、しっかり覚えておきましょう。

### ❶ ライバル記事のタイトルと見出しをチェックする

ゴウ　Web リサーチでまず行うのは、「ライバル記事のタイトルと見出しチェック」です。執筆するキーワードで検索してみて、上位１～10位の記事が、どのようなタイトルと構成になっているのかを調べてまとめます。

浅井　なんでタイトルと見出しをチェックするんですか？

ゴウ 「Googleがこのキーワードの検索意図をどう解釈しているのか」が把握できるからです。浅井さんの例の「噛む回数 多い　食事」というキーワードで言えば、「噛む回数が多くなる食事」と解釈しているのか、それとも「食事で噛む回数を増やすことの効果」と解釈しているのかが見きわめられます。これがわかれば、どちらの内容で記事を書けば、そのキーワードで上位が取れるのか、判断ができるようになります。Googleで評価されるためのSEO記事を書くなら、必ず行うべきリサーチです。

## ❷ ツールで見出しを抽出する

ゴウ タイトルと見出しチェックは、ラッコ株式会社が提供している「ラッコキーワード」というWebツールで行うのがおすすめです。

出典：ラッコ株式会社「ラッコキーワード」
https://related-keywords.com/

浅井 ラッコキーワード！

ゴウ このツールを使えば、キーワードを指定するだけで検索上位のサイトのタイトルや見出しを自動的にリスト化してくれます。１つ１つ手で調べるよりも何十倍も効率が良いので、ぜひ活用してください。

### ❸ 抽出した見出しを並べて読解する

**ゴウ** **見出しの抽出が終わったら、どんな内容だと上位が狙えるのか、つまり、「なにを書けば上位表示を狙えそうか」を読解していきます。各サイトの見出しを並べて見ていくと、ライバル記事が誰に向けてどんなことを書いているのか、だいたいの傾向がつかめてくるはずです。例えば、バツイチ系のキーワードであれば、男性向けなのか女性向けなのか、だいたい何歳くらいの人向けなのかといったイメージです。ライバルサイトの記事を眺めつつ、「どんな記事にするか」をイメージしていきます。**

**ライバル記事を見て記事内容をイメージする**

ライバル記事のほとんどが
20代のバツイチ男性に向けて
モテる方法を書いているな……。
ということは、
上位表示するためには、
20代のバツイチ男性が
モテる方法を紹介する
必要がありそうだな。


### ❹ 本文は読まない

**ゴウ** **ほかの記事の見出しを見ていると「どんなことが書いてあるんだろう？」と本文を読みたくなるかもしれません。ですが、なるべく本文は読まずに調査をすることをおすすめします。**

**浅井** なんでですか？　本文を読んだほうが多くの知識を得られると思うのですが。

**ゴウ** **本文を読んでしまうと、「リサーチの沼にハマって時間がなくなる」「他記事の内容に引っ張られてしまう」などのデメリットがあるからです。**

**1）リサーチの沼にハマって時間がなくなる**

ゴウ　**検索上位に出てくる記事は１記事あたり数千文字、なんなら１万文字を超えるケースもあるため、そもそも読むこと自体に時間がかかります。また、似たような記事なのでだんだんと飽きてきて効率が落ちてしまったり、そのうちSNSを見始めてしまったりして、「３時間かけたのに、実はほとんど進んでいない……」なんてことになりがちです。**

浅井　まったく自信がありません！

ゴウ　**いざリサーチしてみると、こうなってしまう人は本当に多いものです。私もそうでした。そこで、見出しだけを読むようにすることをおすすめしています。**

**2）他記事の内容に引っ張られてしまう**

浅井　「他記事の内容に引っ張られてしまう」って、どういうことですか？

ゴウ　**「他記事に影響を受けて、文体や内容が無意識に似通ってしまう」ことです。そうなると、他社を真似したような記事ができ上がってしまいかねません。そうならないためにも、見出しだけを読むようにします。**

## 5 サジェストキーワードをチェックする

ゴウ　**サジェストキーワードとは、検索エンジンにキーワードを入力したときに自動で表示される検索候補のことです。過去の検索傾向をもとに、「あなたが検索したいのはこれでは？」と検索エンジンがユーザーに提言（サジェスチョン）してくれるので、サジェストキーワードと呼ばれます。**

**ゴウ** サジェストキーワードは、多くの場合、「よく検索されているキーワード」です。つまり、「読者がどんな情報を求めているか（＝検索意図）」を精度高く調べることができます。例えば、「ボールペン　おすすめ」のキーワードのサジェストが「ボールペン　おすすめ　ビジネス」「ボールペン　おすすめ　高級」なのであれば、「『ボールペン　おすすめ』で検索する人は、ビジネス用途で、それなりに高いものを求めているのだな」という仮説が立てられる……というイメージです。

## 「ボールペンおすすめ」のサジェスト例

| サジェスト | |
|---|---|
| ボールペン おすすめ ビジネス<br>ボールペン おすすめ ビジネス 男性<br>ボールペン おすすめ 高級 | **主にビジネス向けの高価なボールペンを探している** |
| ボールペン おすすめ 中学生<br>ボールペン おすすめ 勉強<br>ボールペン おすすめ 学生<br>ボールペン おすすめ 安い | **主に学生向けの安価なボールペンを探している** |

**記事ではビジネス向け・学生向けに分けて**
**おすすめのボールペンを紹介しよう。**
**値段の記載も必要そうだな。**

## ③ Web以外でリサーチする方法

ゴウ **次に、Web 以外でリサーチする方法を紹介します。**

浅井 なんで Web 以外でリサーチするんですか？　Web で調べるほうが正直楽な気がして……。

ゴウ **「他記事にないオリジナル情報」を盛り込めるからです。他記事にないオリジナル情報を盛り込むことで、次のメリットがあります。**

**■ほかの記事にないオリジナル情報を盛り込む２つのメリット**

① Google が評価してくれる

②読者の満足度が上がる

**1）Googleが評価してくれる**

ゴウ **まず、Google はすでに世の中にある情報よりも、独自性のある情報を評価すると公言しています。**

質の高いサイトと見なされるもの

(略)

ページや記事の「品質」を評価するために使用できるのが、下記の質問です。Google は、サイトの品質を評価するアルゴリズムを作成する際に、これらの質問を自問自答します。(略)

・独自のコンテンツや情報、独自のレポート、独自の調査、独自の分析内容が記載されているか

(略)

（出典）Google 検索セントラル「質の高いサイトの作成方法についてのガイダンス」
https://developers.google.com/search/blog/2011/05/more-guidance-on-building-high-quality?hl=ja

ゴウ　似たような記事ばかり検索結果に表示させても、検索ユーザーに満足してもらえません。当たり前ですが、記事それぞれに独自性があり、多様であることでより Google を利用してもらえる可能性が高まります。だから Google は、独自性のある情報を盛り込んだ記事を評価するというわけです。

2）読者の満足度が上がる

ゴウ　読者の満足度が上がることそのものが、Web 以外でリサーチするメリットです。ほかにはない情報が載っていたり、他社記事よりも情報が詳しかったりする記事は、それだけ満足してもらえる確率が上がりますから。そもそもほかの記事が完璧ということはほとんどありません。とはいえ、独自性は高くても、読者に必要のない情報であれば無意味です。あくまで、「読者が知りたいけれども競合にない、そんな情報があったらいいよね」という考え方でリサーチしましょう。

### ❶ 方法１：本・雑誌・論文

ゴウ　Web 以外でリサーチする方法の１つ目は、本や雑誌、論文など、紙媒体の情報を参考にする方法です。紙媒体にだけあって Web 上にない情報もあるため、独自性として Google に評価されやすくなります。

浅井　紙媒体って定番のリサーチ方法というイメージがあったので、独自性はないと思ってました。

ゴウ　そんなことはありません。残念ですが、体感的に多くの Web ライターは、インターネットだけでリサーチするため、紙媒体でリサーチをする人は少ないんです。紙媒体でのリサーチは、書籍を用意して読まなければならず、そこそこ大変ですからね。具体的には、下記の方法でリサーチしましょう。

※著者注：便宜上、「紙媒体」といっていますが、紙でも出版されていれば電子書籍も含みます。

**■具体的な方法**

- 電子書籍の読み放題サービスを利用する（Kindle Unlimitedなど）
- 雑誌専門の読み放題サービスを利用する（d マガジン・楽天ブックスなど）
- 書店併設のカフェを利用する（カフェ利用で書店の本を無料で読める）
- 図書館で書籍を借りる

ゴウ **紙媒体でリサーチする場合も、あくまで目次や切り口を参考にする程度にしましょう。１冊をしっかり読み込もうとすると時間がかかるので。もし本を読む場合は、欲しい情報が書いてある章を目次から探して、そこだけピンポイントで探すのがおすすめです。**

## ❷ 方法２：顧客資料

ゴウ **次に、顧客資料をもらってリサーチする方法です。**

浅井 顧客資料ってなんですか？

ゴウ **ここでは、「商品やサービスの営業資料」「ホワイトペーパー」と考えてください。ホワイトペーパーとは、ノウハウや調査結果などをまとめたアレです。よくネット上で「月収10万円の Web ライターになるための完全ガイド！　ダウンロードはこちら」のように書かれている、お役立ち資料などのことです。これをもとに記事を書くと、独自性が出るだけでなく、その会社ならではの強みなどを反映した文章が書けます。**

**クライアントに資料を共有してほしいときは、次のように必ず「相手のメリット」を伝えましょう。**

> **■資料をもらうときの伝え方**
> 御社の強みをアピールできるような記事にするべく、競合製品と比べた御社の強みがわかるような営業資料などはありますか？
> もし可能でしたら、関連資料をすべていただけると助かります！

### ❸ 方法3：実際に体験

**ゴウ　実際にサービスや商品を体験することで、「ここでつまずくから、詳しく説明する必要があるな」などに気づけます。そうすると、「かゆいところに手が届く」記事を書けるため、読者の満足度アップにつながり、SEOでも評価されるでしょう。**

浅井　かゆいところに手が届く記事って、例えばどんな感じですか？

**ゴウ　例えば、私が実際に体験したもので言うと、フードデリバリーサービスの初回利用クーポンの場所がわからなかったので、画像で解説したことがあります。**

浅井　あー、たしかにそれは読者としてはありがたい！

**ゴウ　また、自分で体験することで、撮影した画像などほかの記事にはないオリジナル情報を盛り込めます。体験することは、Webライターとして非常に重要なんです。AI時代には、もはや必須ともいえます。**

■**具体的な方法**
・サービスに登録する
・実際に消費者として商品を買う

ゴウ **なお、体験にあたって費用が発生する場合は、必要経費として報酬に上乗せしてもらえる場合もあります。このときに重要なのが、購入するまえにクライアントに相談することです。**

浅井 たしかに、購入したあとに「実は執筆のために商品を実際に購入したので、費用を追加でください」と伝えられたら、「先に相談してよ！」って思われそうですね。

ゴウ **相談する際は、「リアルな感想や体験談を書くために、実際に商品を購入しようと思っていますが、その分の費用をいただくことは可能ですか？」のように伝えてみましょう。あと出しはNGです。**

### ❹ 方法4：アンケート

ゴウ **アンケートによって、特定のテーマでクチコミやコメントを集める方法もあります。ほかの記事にはないオリジナル情報を盛り込めるので、SEOにも有効な方法です。さらに、ほかのサイトから記事を引用してもらえる可能性もあります。前節でも述べたとおり、ほかのサイトやSNSで「こんなアンケート結果があったよ」と、記事を紹介してもらえる可能性もあります。**

浅井 例えば、どんな場合にアンケートを取るんですか？

ゴウ **自分が必要なのに、調べても良い感じのデータが見つからなかった場合です。実際に、「専門学校生の平均貯金額」「ウォーターサーバーを買った理由」などは、調べてもなかなかデータが見つからな**

かったので、アンケートで集めたことがあります。

**■具体的なやり方**
・アンケートサイトを利用する
・クラウドソーシングでアンケートを取る
・X（旧 Twitter）でアンケートを実施する

ゴウ　**特に、クラウドソーシングでアンケートを取ると、100〜200人からすぐに回答をもらえることがあります。アンケートにかかる費用は、クライアントに事前に相談すればいただけることもあるので、積極的に検討してみてください。**

### 5 方法5：ヒアリング

ゴウ　**最後は、商品やサービスの提供者・有識者から情報をヒアリングする方法です。直接ヒアリングすることで、ほかの記事にはない情報を集めて記事に盛り込めます。広報部への取材をはじめ、いろいろな手段でヒアリングしてましょう。**

**■具体的なやり方**
・問い合わせフォームからヒアリングする
・カスタマーサポートセンターにヒアリングする
・社内なら内部の開発担当者にヒアリングする

## 4 どこまでリサーチするべきか

浅井　ぶっちゃけた話、報酬があまり高くない場合、どこまでリサーチするべきですか？

ゴウ **自分がその分野で専門性を磨きたいなら、まずは割に合わなくても気合いを入れてリサーチするべきです。その分野に詳しくなれば、専門Webライターを名乗れるだけでなく、徐々にリサーチの時間が短くなり、結果的に時給も上がっていきますからね。**

浅井 専門性を磨きたい分野を決めきれない場合はどうしたらいいですか？

ゴウ **その場合でも、時間をかけてリサーチすることをおすすめします。ある程度時間をかけないと、「しんどい」「楽しい」などの自分との相性が見えないからです。そして、もし合わないと感じたら、無理に受け続けるのではなく、継続をお断りすることを検討しましょう。**

## 5 手間のかかるリサーチをしたら、クライアントにさりげなく伝えよう

ゴウ **リサーチを頑張ったかどうかは、記事を納品しただけでは、クライアントに伝わりません。「なにをどう頑張ったか」を伝えることで、クライアントが自分を評価できる情報を与えることになります。**

浅井 「リサーチに10時間かかりました」と伝えるようにします！

ゴウ **ちょっと待ってください。伝え方には気をつけないと、嫌味っぽく聞こえてしまいます。「競合の記事はどれもWebの情報ばかりを参考にしていたので、差別化のために自分が体験した情報も盛り込みました」のように、記事を作る際に気をつけたポイントを共有するつもりで伝えてみてください。**

# 構成を組む

ゴウ　この節では、SEOライティングの中でもすごく重要な「文章の骨組み」である構成のお話をしていきます。

| 工程 | 作業内容 |
|---|---|
| ①上位表示を狙うキーワードを決める | なんのキーワードで上位表示を狙うか先方と合意する |
| ②リサーチする | 記事を書くのに必要な情報を集める |
| ③構成を組む | どんな内容をどんな順番で書くかの骨子を考える |
| ④執筆する | 構成をもとに内容を肉づけする |
| ⑤推敲する | 書いた内容を見直して仕上げる |
| ⑥入稿する | WordPressなどで記事を公開できるようにする |

## 1 構成とはなにか

ゴウ　構成とは、「どんな内容を、どんな順番で書くか」をまとめた記事の骨組みのことです。本でいう目次にあたります。

記事全体の流れとしては、キーワードを選定し、リサーチしたあとに構成を作ります。構成ができ上がったら、構成をもとに中身を肉づけして執筆し、チェックして入稿という流れです。

## 2 構成が重要な理由

浅井 構成ってそんなに大事なんですか？

ゴウ **めちゃくちゃ重要です。理由は２つあります。**

### ❶ 記事を執筆しやすくなる

ゴウ **まず１つ目は、記事が執筆しやすくなるためです。「こういう内容で記事を書くぞ」と整理しないでいきなりざっくりと書き始めると、「話があちこちに飛んで、なにを書いているのかわからなくなった」といった状況に陥ります。**

浅井 たしかに、同じようなことを何回も書いちゃいそうです。

ゴウ **なので、まずは構成に必要な情報や流れをまとめて、それから書き出したほうが、結果的に執筆スピードも上がります。**

### ❷ 情報が整理され読みやすい

ゴウ **読み手にとっても、構成がしっかり作られている文章は読みやすいです。ちゃんと骨組みができ上がったものに対してきちんと肉づけされていると、読みやすく記事全体の構造もわかりやすくなります。**

## 3 構成の作り方

**ゴウ　ここから、実際に構成の作り方をステップに分けて解説していきます。**

**■構成の作り方５ステップ**
①リサーチ内容の整理
②コンテンツの整理
③ｈ３の作成
④見出しの仕上げ
⑤クライアントに確認依頼

### 1 ステップ1：リサーチ内容の整理

**ゴウ　まずは、リサーチした情報をグループ分けして整理するところから始めましょう。例えば、「Web ライターとは」というキーワードで、上位記事の見出しをリサーチした結果、次のようであったとします。**

**１位**
・Web ライターとは
・Web ライターのメリット
・Web ライターのデメリット
・Web ライターのなり方
**２位**
・Web ライターとはなにか
・Web ライターの種類
・Web ライターになるメリット
・Web ライターになるデメリット

・Webライターになるまでの流れ

**3位**

・Webライターとは「Web記事を書く」仕事

・Webライターになって良かったこと

・Webライターになって悪かったこと

・Webライターになる方法5ステップ

・Webライターにおすすめのパソコン

浅井 結構重複している内容がありますね。

ゴウ **はい。わかりやすくするために、これらをグループ分けしてあげましょう。なお、この作業はAIが非常に得意です。「これらの情報には重複があるので、整理してください」と伝えてみてください。**

**●Webライターとは**

・Webライターとは

・Webライターとはなにか

・Webライターとは「Web記事を書く」仕事

**●Webライターのメリット**

・Webライターのメリット

・Webライターになるメリット

・Webライターになって良かったこと

**●Webライターのデメリット**

・Webライターのデメリット

・Webライターになるデメリット

・Webライターになって悪かったこと

**●Webライターになる方法**

・Webライターのなり方

・Webライターになるまでの流れ

・Web ライターになる方法５ステップ
● **Web ライターの種類**
● **Web ライターにおすすめのパソコン**

浅井　バラバラだった情報がまとまって、すっきりしましたね！

ゴウ　**あくまで情報整理が目的なので、この段階では細かい表現は気にしなくて OK です。とにかく、グルーピングすることを意識してください。上記の例では３記事分でしたが、実際のリサーチでは何記事もの見出しをグルーピングしたり、ここに Web 以外でリサーチした情報を加えたりします。さらっと書いていますが、ここで足す独自の情報が命です。気合を入れましょう。**

### ❷ ステップ２：コンテンツの整理

ゴウ　**情報をグループ分けしたら、それらの順番や伝えるべきコンテンツを整理しましょう。先ほどのメモからを重複項目を消すと、次のようになります。**

・Web ライターとは
・Web ライターのメリット
・Web ライターのデメリット
・Web ライターになる方法
・Web ライターの種類
・Web ライターにおすすめのパソコン

ゴウ　**ここから、余分な情報がないか見ていきましょう。ここでは、「Web ライターとは」で検索する人にとって、各項目が「必要そう」または「不要そう」を考えてみてください。迷ったら別枠で記載しておきます。**

浅井　こんな感じですかね？

**■必要そう**
・Web ライターとは
・Web ライターのメリット
・Web ライターのデメリット
・Web ライターの種類
**■不要そう**
・なし
**■迷う**
・Web ライターにおすすめのパソコン

ゴウ　**いいですね！　「Web ライターとは」で検索しているわけですから、「Web ライターとは」は外せないですし、「メリット・デメリット」「種類」も、「Web ライターとはなにか」を理解するために欠かせない情報だと考えられます。**

浅井　迷った項目はどうすればいいですか？　「Web ライターとはなにか知りたい」人が、「Web ライターになる方法」や「おすすめのパソコン」を知りたいのかわからなくて……。

ゴウ　**迷ったら読者に必要かどうかで考えてほしいのですが、それでも悩んだら残すようにしましょう。読者からしても不足よりも余分のほうがマシだからです。**

・Web ライターとは
・Web ライターのメリット
・Web ライターのデメリット
・Web ライターの種類

・Web ライターにおすすめのパソコン
・Web ライターになる方法

ゴウ **これらの情報を、どの順番で紹介したらわかりやすいと思いますか？**

浅井 えっ、わからないです！　判断基準とかってありますか？

ゴウ **基本的には、「読者が知りたいと思う順」で並べてください。**

浅井 だとしたら、こんな感じですかね？

・Web ライターとは
・Web ライターの種類
・Web ライターのメリット
・Web ライターのデメリット
・Web ライターになる方法
・Web ライターにおすすめのパソコン

浅井 「Web ライターの種類」を「Web ライターとは」のあとに置くか、「Web ライターのデメリット」のあとに置くか悩みます。

ゴウ **その場合は、「自分が読者だったらどちらのほうがわかりやすいか」で考えてみてください。それでも迷うようであれば、「上位記事の順番」を参考にすれば OK です。**

浅井 今回は自分の考えた順番と、上位記事の順番が一致していたので、問題なさそうですね！

ゴウ **ここで整理した情報は、そのまま記事の「中見出し（h2）」になります。**

**■見出しのメモ**
h2：Web ライターとは
h2：Web ライターの種類
h2：Web ライターのメリット
h2：Web ライターのデメリット
h2：Web ライターになる方法

浅井 なんで「h2」と呼ぶんですか？　h も 2 も意味がわかりません！

ゴウ **h とは「heading（見出し）」の略です。見出しの大きさ順に数字が割り振られており、h1～h6まであります。**

浅井 なるほど？

ゴウ **急に小難しい話になっちゃいましたね。とりあえず、Web ライティングでよく使う次の３つだけ覚えてもらえたら問題ありません！**

h1＝大見出し（多くの場合はタイトル）
h2＝中見出し
h3＝小見出し

### ❸ ステップ3：h3の作成

ゴウ **h2（中見出し）に書く情報は整理できたので、次はh3（小見出し）を作っていきます。**

浅井 小見出しってどんなときに使うんですか？

ゴウ **中見出し内の情報を整理するときに使います。例えば、「Webライターのメリット」を、小見出しを使うパターンと使わないパターンそれぞれ記載しますね。**

**■小見出しを使わないパターン**

Webライターのメリットは
・未経験からでも始めやすい
・好きなジャンルを選べる
・カフェやコワーキングスペースなど、好きな場所で働ける
の3つです。

まず、Webライターの仕事は初心者歓迎の案件が多いため、未経験からでも始めやすいのがメリットです。

また、グルメや旅行、ビジネスなど様々な分野で仕事の募集があるため、自分の好きなジャンルを選んで執筆することができます。

加えて、Webライターの仕事はリモートワークOKの案件が多く、カフェやコワーキングスペースなど、好きな場所で働くことが可能です。

■**小見出しを使うパターン**
**h2：Web ライターのメリット**
Web ライターのメリットは、下記の3つです。

**h3：未経験からでも始めやすい**
Web ライターの仕事は初心者歓迎の案件が多いため、未経験からでも始めやすいのがメリットです。

**h3：好きなジャンルを選べる**
グルメや旅行、ビジネスなど様々な分野で仕事の募集があるため、自分の好きなジャンルを選んで執筆することができます。

**h3：カフェやコワーキングスペースなど、好きな場所で働ける**
Web ライターの仕事はリモートワーク OK の案件が多く、カフェやコワーキングスペースなど、好きな場所で働くことが可能です。

浅井 小見出しを使ったほうが情報が整理されていてわかりやすいですね！

ゴウ **そうなんです。h3がないと、情報のまとまりの区切りが見えずわかりにくいため、情報のまとまりごとにh3で分けてあげる必要があります。上記の例は文章が短いため、小見出しを使わなくても理解できるかもしれません。しかし文章が長い場合、小見出しを使わないと「今なんの話だっけ？」「どの部分が重要なんだろう？」と読者は混乱してしまいます。**

浅井 では、小見出しはどのように調べればいいんですか？

**ゴウ** **ひとまずは、競合記事の情報を参考にします。ここでは、「Web ライターとは」で調べた際の上位10記事が、「Web ライターの種類」でどんな項目を紹介しているのかを見て、必要そうな情報を盛り込んでいきます。また、書籍や有識者へのヒアリングでリサーチするのもおすすめです。**

浅井 h2の情報を集めたときと同じ方法ですね！

**ゴウ** **そうですね！　もし、情報が足りないと感じた場合は、「Web ライター 種類」や「Web ライター メリット」など、h2ごとに検索してみるのも効果的な方法です。**

浅井 まとめてみました！

**■現状のメモ**

h2：Web ライターとは
h2：Web ライターの種類
　h3：SEO 記事ライティング
　h3：取材記事ライティング
　h3：セールスライティング
h2：Web ライターのメリット
　h3：未経験からでも始めやすい
　h3：好きなジャンルを選べる
　h3：カフェやコワーキングスペースなど、好きな場所で働ける
h2：Web ライターのデメリット
　h3：低単価案件で苦しむケースがある
　h3：依頼されたテーマで書くので自己表現は難しい
h2：Web ライターになる方法

h3：アルバイト・就職する
h3：フリーランスとして独立する

※著者注：例をシンプルにするため、すべての情報を書かずに簡略化しています。

ゴウ **だいぶ構成（目次）っぽくなりましたね！**

### ❹ステップ4：見出しの仕上げ

**1）見出しを仕上げる**

ゴウ **これまでメモした項目は上位記事の表現をほぼそのまま使っています。そのため、仕上げとして、自分なりの表現に調整しましょう。読者にとってわかりやすいと思う表現に書き直してください。また、本来は、独自の切り口も入っていると思うので、それもきちんと反映しましょう。**

浅井 やってみます！

h2：Web ライターとは
h2：Web ライターの主な種類３つ
h3：SEO 記事ライター
h3：取材記事ライター
h3：セールスライター
h2：Web ライターの３つのメリット
h3：未経験者が始めやすい
h3：自分の書きたいジャンルを選びやすい
h3：場所に縛られず働ける
h2：Web ライターのデメリット

h3：単価の低い案件がある
h3：自己表現には向いていない
h2：Web ライターになる方法
h3：Web ライターを募集している企業に勤める
h3：フリーランスで仕事を受注する

浅井　こんな感じですかね？

ゴウ　**バッチリです！　これで構成は完成です。**

**2）構成を見直す**

ゴウ　**最後に、構成をもう一度見直しましょう。全部見直しをしていくのですが、あえて絞るなら「本当に読者の悩みを解決できる記事かどうか」を中心に見直してください。**

## 5 ステップ5：クライアントに確認依頼

ゴウ　**構成が完成したら、クライアントにチェックを依頼しましょう。「『Web ライターとは』の構成を作成したので、ご確認のほどよろしくお願いいたします」のように連絡します。**

浅井　なんでクライアントの確認を挟むんですか？

ゴウ　**確認せずに執筆を進めると、修正があった際に大変な思いをするからです。苦労して書いた記事で、「ここは必要ないです」と削られたらがっかりしませんか？**

浅井　一瞬で心が折れる自信があります。

**ゴウ　そうならないためにも、構成の段階でクライアントにチェックしてもらいましょう。また、クライアントも、Web ライターが頑張って執筆してくれた文章に対して「この見出しはまるっと削除で」とはなかなか言いにくいものです。ただ、執筆前の構成であれば「今回はこの見出しはカットでお願いします」「具体例をこれに変えてくださ い」などと言いやすくなると思いませんか？**

浅井　たしかに！

**ゴウ　だからこそ、構成はクライアントに見てもらうようにすることをおすすめします。**

# 執筆する

ゴウ 構成が固まったら、いよいよ執筆を始めましょう。

| 工程 | 作業内容 |
|---|---|
| ①上位表示を狙うキーワードを決める | なんのキーワードで上位表示を狙うか先方と合意する |
| ②リサーチする | 記事を書くのに必要な情報を集める |
| ③構成を組む | どんな内容をどんな順番で書くかの骨子を考える |
| ④執筆する | 構成をもとに内容を肉づけする |
| ⑤推敲する | 書いた内容を見直して仕上げる |
| ⑥入稿する | WordPressなどで記事を公開できるようにする |

ゴウ 執筆は、大きく３つのパートに分けられます。

①リード文を書く
②本文を書く
③タイトルをつける

## 1 リード文を書く

浅井 そもそもリードってなんですか？

ゴウ **リード文（冒頭文）とは記事の最初の文章で、基本的には目次のまえにある部分です。ただし、人によっては記事の最初の１～２行をリード文と呼ぶ場合もあります。**

**リード文は記事の最初にある文章**

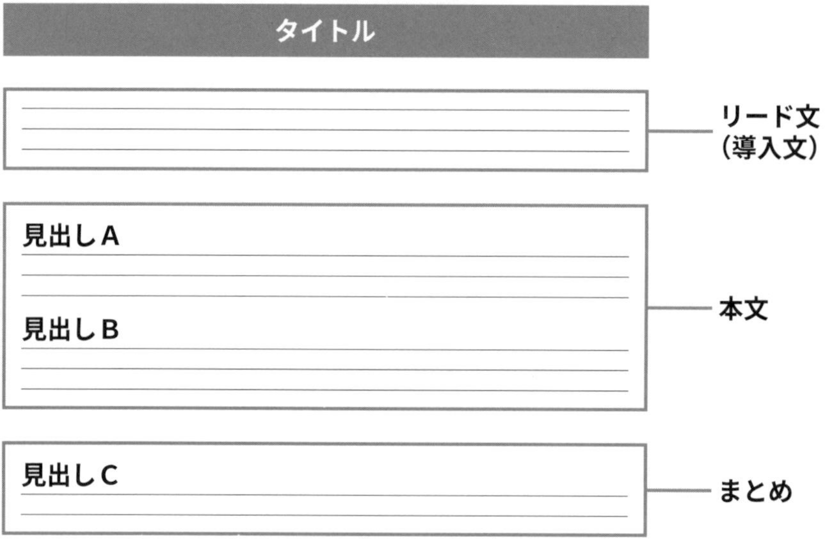


浅井 明確な定義はないんですね。

ゴウ **はい。そのため、発注者に「リード文」と言われた際は、なにを指しているのか認識の確認が必要です。本書では、「リード文＝**

目次の前の文章」と定義して話を進めていきますね。

### 1 なぜリード文が大事なのか

ゴウ　リード文が重要な理由は、「読者がその記事を読むかリード文で判断するから」です。リード文は読者が最初に目にする部分のため、ここで「微妙そうだ」と思われると、離脱されてしまいます。

浅井　せっかく読みにきてくれたのに、もったいないですね。

ゴウ　離脱を防ぐためには、「この記事を読むといいことがありそう」「求めている情報がありそう」と思ってもらうことが重要です。そのためのリード文の作り方をお伝えします。

### 2 リード文はどうやって作るのか

ゴウ　リード文の作成で大事なこと。それは、「いきなり書き始めない」ことです。まずは、「タメア（ターゲット・メッセージ・アクション）」を準備しましょう。

浅井　ターゲット、メッセージ、アクションの略でしたっけ？

ゴウ　そのとおりです。復習も兼ねて、タメアの具体例を見てみましょう。

**■キーワードが「ライティング 時間がかかる」の場合**

・ターゲット：執筆に時間がかかって悩んでいる Web ライター
・メッセージ：効率的な執筆方法（リサーチ）
・アクション：講座動画の販売

浅井　なんとなくタメアのイメージつきましたが、なぜ、リード文を作るのにタメアの準備が重要なんですか？

ゴウ　**リード文は、タメアを文章化したものだからです。誰向けなのか（ターゲット）、なにを伝えたいのか（メッセージ）がズレていると、離脱につながるだけでなく、記事の目的である成約（アクション）につなげられません。そのため、リード文にはタメアの要素を詰め込むことが重要です。**

**ではここから、基本的なリード文の流れに沿って文章を考えます。**

**■リード文の流れ**

①ターゲット：読者を引き込む内容（共感や驚きの一言）

②メッセージ：結論、記事の全体像、（書けるなら）権威性

③アクション：読者にしてほしい行動

ゴウ　**具体的な例で考えてみましょう。**

・記事のテーマ：ライティングの執筆速度アップ

・キーワード：「ライティング　時間かかる」

・ターゲット：執筆に時間がかかりすぎるWebライター

・メッセージ：効率的な執筆方法（リサーチ）

・アクション：有料の講座動画販売

ゴウ　**では、リード文の流れに沿って考えてみます。**

**▼ターゲット**

「執筆に時間がかかりすぎてしんどい」

「時給換算したら低単価になってしまう」

そう思うことはありませんか？（共感）
**▼メッセージ**
実は、リサーチを３回に分けることで、執筆速度を上げることが可能です。（結論）
私自身、執筆の遅さに１年以上悩んでいましたが、この方法を知ってから１記事あたり１〜２時間ほど執筆時間を短縮できました。（権威性）
そこで本記事では、リサーチを３回に分けると執筆速度が上がる理由と具体的な方法を紹介します。（記事の全体像）
**▼アクション**
さらに「実際に執筆する様子を見たい」「動画で学びたい」という方向けに、今回の記事をもとに実際にリサーチから執筆までを講座としてまとめた動画もご用意しました。詳しくは以下のボタンをクリック（タップ）してご覧ください。
>>執筆スピード上達講座を見てみる

浅井　タメアの順で書くことで、「この記事は自分に必要な記事だ」と思えますね。

ゴウ　**そうなんです。しかも、リード文で読者のアクション（成約）も狙えます。この「読者をアクションへ促す意識」は非常に重要です。どんなにわかりやすい記事を書いて、検索結果で１位を取れても、アクションへ誘導していなければ、クライアントの売上は基本的に発生しないので。**

浅井　あれ？　リード文の段階でもアクションを設置するんですか？まだ本文を読むまえなので、意味がない気がするんですが……。

ゴウ　**アクションは、記事の途中や最後にも設置しますが、リード文にも設置するのがおすすめです。リード文の段階で離脱してしまう**

**読者もいますからね。実際に、リード文の段階でアクションを設置したところ、そこからの申し込みが多くありました。**

**なお、ターゲットの共感を誘う文章では、「ますよね・ですよね」という語尾に注意しましょう。「ますよね・ですよね」は、読者に「そうだよね？」と押しつけるような印象を生むため、共感を外した場合に離脱を生む恐れがあります。**

浅井 「自分は違うわ！」ってなったら、読む気が失せちゃいますもんね。

ゴウ **はい。なので、「ますよね・ですよね」を使用するのは、「夏は暑いですよね」くらい明らかに共感できる場合にとどめるのがおすすめです。**

浅井 迷ったら使わないほうが良さそうですね。

ゴウ **なお、リード文を執筆したあとに活用するチェックリストを用意したので、ぜひ活用してみてください。**

**■リード文チェックリスト**

- □ 冒頭でターゲットが「そうそう」と共感できる文が書けているか？
- □ リード文時点で結論を書いているか？
- □ 記事の全体像を書いているか？
- □ 「この著者は信頼できる」と感じる権威性はあるか？（あれば）
- □ 読者にしてほしい行動へ誘導できているか？

## ② 本文を書く

浅井　やっと本文の執筆ですね！

ゴウ　**本文は、次の２ステップで書くことをおすすめします。**

①各見出しの「結論」「根拠」「具体例」を集める
② PREP の順で文章化する

### ❶ ステップ１：各見出しの「結論」「根拠」「具体例」を集める

ゴウ　**まず、必要な情報を集めます。次の内容を、Web 検索・書籍・有識者へのヒアリング・自分の知見や経験などから集めましょう。**

- 結論
- 根拠
- 具体例

ゴウ　**「結論」「根拠」「具体例」がそろっていないと納得感が薄く、読者に「良い記事だ」とは思ってもらえません。**

浅井　ふむふむ。例えばどんなイメージですか？

ゴウ　**例えば、「Web ライティング初心者におすすめなのは SEO 記事ライター」という見出しなら、次のようなイメージです。**

**結論**

・Web ライティング初心者におすすめなのは SEO 記事ライター

**根拠**

・未経験者歓迎の案件が多く、応募できる機会が多いため

**具体例**

・クラウドソーシングサイト A 社で未経験者歓迎の SEO 記事ライティング案件を探したところ、数百件以上の募集があった。一方で、取材記事やセールス記事の未経験者歓迎の案件は数十件だった。

浅井　たしかに、根拠と具体例があると説得力が全然違いますね。

ゴウ　**逆に、根拠がないと読者は「なんで？」と不満に思いますし、具体例がないと「ほんとに？」「なんとなくしかわからない」などと不安に思います。そのため、執筆する前に各見出しの「結論」「根拠」「具体例」をそろえましょう。**

### ❷ ステップ2：PREPの順で文章化する

ゴウ　**「結論」「根拠」「具体例」を集めたら、文章化していきましょう。このとき、PREP の順番で書くことで、わかりやすく・効率的に執筆できます。PREP（プレップ）とは、「Point：結論」「Reason：根拠」「Example：具体例」「Point：結論」の頭文字を取ったものでしたね。**

Web ライティング初心者には SEO 記事ライターをおすすめします。(Point：結論)
未経験者歓迎の案件が多く、応募できる機会が多いためです。(Reason：根拠)
例えばクラウドソーシングサイト A 社において、未経験者歓迎の SEO 記事ライティング案件は数百件以上あります。一方、同条件

で取材記事やセールス記事の案件を探したところ、それぞれ数十件でした。（Example：具体例）
このような理由から、Web ライティング初心者には SEO 記事ライターがおすすめです。（Point：結論）

## 3 タイトルをつける

ゴウ **SEO 記事において、タイトルは「記事をクリックするかどうか」を決める非常に重要な要素です。本書では、タイトルづけにおいて「最低限外せない２つのポイント」を紹介し、プラスアルファの要素として「より魅力的なタイトルにする方法」をお伝えします。**

**■タイトルで最低限外せない２つのポイント**
①キーワードを入れる
②30文字前後に収める

### 1 キーワードを入れる

ゴウ **１つ目に、上位表示を狙うキーワードを入れましょう。SEO で上位表示を目指すためには、その記事がなにについて書かれているのかを検索エンジンに教えてあげなければなりません。したがって、タイトルに狙うキーワードを入れることが、SEO の上位表示において重要です。読者にとってもキーワードを入れるメリットがあります。**

浅井 なぜ、読者にとってキーワードを入れることが重要なんですか？

**ゴウ** **読者はタイトルにキーワードが入っているかどうかで「自分の探している情報が書かれている記事なのか」を判断しているためですね。例えば、「SEO ライティング」というキーワードで検索しているのに、タイトルに「SEO」や「ライティング」の文字がなかったらどうでしょう。クリックしたいと思いますか？**

浅井 「自分の探している記事じゃないかも」と感じて、クリックしませんね。

**ゴウ** **ですよね。なので、読者のためにも、できるだけキーワードをタイトルに入れてください。**

## ❷ 30文字前後に収める

**ゴウ** **タイトルは30文字前後に収めることがおすすめです。タイトルが30〜40文字を超えると、検索結果では「…」とタイトルの後半が省略されてしまいます。**

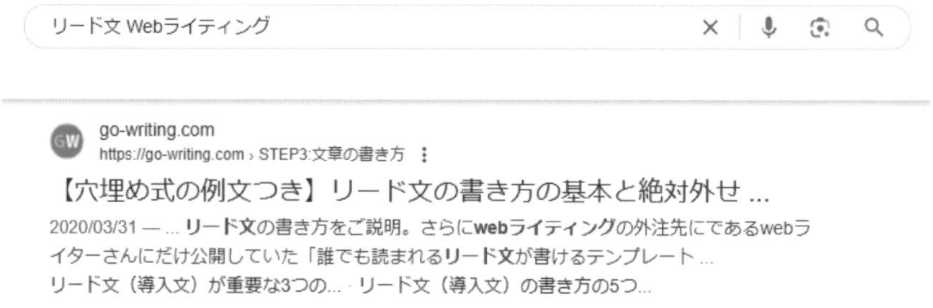

リード文 Webライティング
go-writing.com
https://go-writing.com › STEP3:文章の書き方
【穴埋め式の例文つき】リード文の書き方の基本と絶対外せ ...
2020/03/31 — ... リード文の書き方をご説明。さらにwebライティングの外注先にであるwebライターさんにだけ公開していた「誰でも読まれるリード文が書けるテンプレート ...
リード文（導入文）が重要な3つの... · リード文（導入文）の書き方の5つ...


浅井 30〜40文字って、割とアバウトなんですね。

**ゴウ** **使用する端末によって表示される文字数が変化するためです。例えば、パソコンとスマートフォンでは表示される文字数が違います。さらに、画面サイズによって、表示される文字数が異なる場合もあ**

ります。そのため、タイトルの文字数は30文字、長くても35文字程度にするのがおすすめです。もし35文字を超える場合も、重要な要素は省略されにくい範囲（30文字以内）に含めるようにしましょう。

### ❸ より魅力的なタイトルにする方法

ゴウ　ここからは、より魅力的なタイトルにする方法をお伝えします。

①数字を入れる
②権威性を入れる
③強い言葉を使う

#### 1）数字を入れる

ゴウ　タイトルに数字を入れることで、クリックされやすくなります。

浅井　なぜ、数字を入れるとクリックされやすくなるんですか？

ゴウ　読者にとって中身を具体的にイメージできることや、数字はひらがな・カタカナ・漢字に比べて見た目が目立つ（つまり、数字を使っていないほかの記事より目を引く）ことが理由です。例えば、「SEOを成功させるポイント」よりも「SEO を成功させる３つのポイント」と書いたほうが、目を引くと思いませんか？

浅井　たしかに！　しかも「３つってなんだろう？」と思うので、記事も読んでみたくなります。

ゴウ **なので、入れられそうであれば、タイトルに数字を積極的に取り入れてみてください。**

**2)権威性を入れる**

浅井 そもそも権威性ってなんでしたっけ?

ゴウ **権威性とは、簡単に言うと「詳しい人が書いていることを示すもの」です。例えば、次の例を考えてみましょう。**

**■キーワード「SEO ライティング コツ」におけるタイトル**
・ベテラン SEO コンサルタントが語る SEO ライティングのコツ10選
・SEO ライティングのコツ10選

浅井 前者のほうが「読んでみたい」と思いました!

ゴウ **タイトルに権威性を入れることで、「この記事は信頼できそう」「読んでみたい」と思ってもらいやすくなります。**

浅井 でも、自分が何年も携わっている分野じゃないと権威性を書けないですよね?

ゴウ **そんなときは、権威性のある人に監修してもらう方法や「〇冊の書籍を読んだ」「〇回試した」など、行動による権威性を示す方法もあります。権威性が含まれているタイトルはなかなかないので、競合と差別化して目立たせるためにも、積極的に検討してみてください。**

3）強い言葉を使う

ゴウ　タイトルに強い言葉を使うと、読者の興味をグッと引きつけられます。検索画面ではたくさんの記事と見比べたうえでクリック（タップ）するか判断されるため、ほかのタイトルよりも目を引くようにするのが重要です。

浅井　強い言葉って、例えばどんなフレーズですか？

ゴウ　例えば、「絶対外せない・ド初心者・裏ワザ・完全ガイド・総まとめ・全知識・超絶・劇的に・極限まで」などですね。ただし、いわゆる釣りタイトルにならないように注意しなければなりません。あと、使いすぎると胡散臭くなるので、強い言葉を使うのは１タイトル１つまでに抑えましょう。

## ④ 参考：メタディスクリプションの書き方

ゴウ　メタディスクリプションとは、検索結果で記事タイトルの下に表示される、ページの説明文のことです。

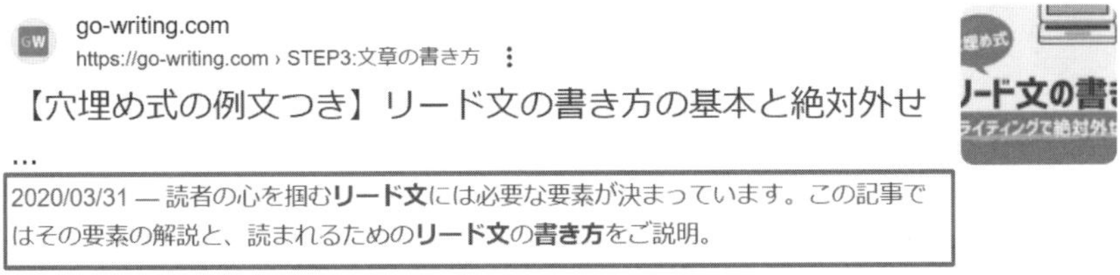

GW
go-writing.com
https://go-writing.com › STEP3:文章の書き方
【穴埋め式の例文つき】リード文の書き方の基本と絶対外せ …
2020/03/31 — 読者の心を掴むリード文には必要な要素が決まっています。この記事ではその要素の解説と、読まれるためのリード文の書き方をご説明。
リード文の書き


浅井　メタディスクリプションを書くことによって、SEOでどんな効果があるんですか？

ゴウ **実は、メタディスクリプションを書くことで、検索順位に直接影響があるわけではありません。しかし、この説明文が魅力的であれば、読者が読んでくれる可能性が上がります。さらに、ユーザーの検索したキーワードがメタディスクリプションに記載されていた場合、その部分は太字で表示されます。そして強調されることで、読者に「この記事は自分の求めている情報が書かれていそうだな」と思ってもらうことが可能です。結果としてクリック率が向上し、多くの人を自社サイトに集客できます。**

浅井 「メタディスクリプションはSEOに直接効くわけではないけれど、集客できる人の数は増える」というわけですね。

ゴウ **はい。メタディスクリプションを書く際のポイントは、次の2つです。**

①対策するキーワードを文章内に含める
②長くても全角120文字以内で記事の全体像を伝える

### ❶ 対策するキーワードを文章内に含める

ゴウ **メタディスクリプションには、対策するキーワードを含めてください。前述したとおり、メタディスクリプションに記載されたキーワードは、検索された際に太字で強調表示されるためです。**

### ❷ 長くても全角120文字以内で記事の全体像を伝える

ゴウ **メタディスクリプションは「どんな内容の記事・ページなのか」を要約した説明文なので、記事の全体像を簡潔に伝えるようにしてください。文字数の目安は、60〜120文字程度です。120文字を超えると、後半は「…」で省略されてしまうことがあります。デバイスなどによっては120文字でも省略されてしまうので、「できれば60〜100文**

**字、長くても120文字」と考えておくと良いでしょう。**

浅井 例えば、「SEO 記事 構成 作り方」というキーワードの場合、メタディスクリプションはどのように書くイメージでしょうか？

ゴウ **記事の内容にもよりますが、例えば次のような感じです。**

> SEO 記事の構成には、誰でも一定の品質を目指せる「王道の作り方」があります。（★キーワードを含める）この記事では、その王道の作り方を、誰でも真似できるレベルまで具体的に紹介します。（★記事の全体像を伝える）
> ※全角76文字

# 推敲する

ゴウ　この節では、記事の推敲の仕方をお話しします。

| 工程 | 作業内容 |
|---|---|
| ①上位表示を狙うキーワードを決める | なんのキーワードで上位表示を狙うか先方と合意する |
| ②リサーチする | 記事を書くのに必要な情報を集める |
| ③構成を組む | どんな内容をどんな順番で書くかの骨子を考える |
| ④執筆する | 構成をもとに内容を肉づけする |
| ⑤推敲する | 書いた内容を見直して仕上げる |
| ⑥入稿する | WordPressなどで記事を公開できるようにする |

ゴウ　記事の推敲の仕方って、実はいろいろな方法があるんです。その方法を紹介していきます。

## 1 推敲とはなにか

浅井　そもそも推敲ってなんでしたっけ？

ゴウ 推敲とは、記事に対して「誤字脱字はないか」「内容に間違いはないか」「炎上につながる表現はないか」「より良い書き方はないか」などをチェックすることです。せっかく頑張って書いた記事でも、誤字脱字があるだけで次の仕事がもらえない可能性があります。そのためにも、推敲の時間はしっかり確保して確認しましょう。

## 2 推敲のポイント

ゴウ 推敲でチェックすべきポイントは多くあります。この節で紹介するのはあくまで一部であり、かなり絞った内容です。だからこそ、ここからお伝えする５つのポイントは必須で確認してください。

①誤字脱字がないか
②固有名詞や数字は正確か
③論理の飛躍がないか
④マニュアルを守れているか

### 1 ポイント１：誤字脱字がないか

ゴウ ちょっと次の例文を見てみてください。

| Before |
| --- |
| 注意しているのにもかかからわず、ひらがなが続くところや文章が次の行折り返すところは誤字脱字が起こりやすい。 |
| **After** |
| 注意しているのにもかかわらず、ひらがなが続くところや文章が次の行に折り返すところは誤字脱字が起こりやすい。 |

**ゴウ** **これ、間違いの部分に気がつきましたか？**

**浅井** 「かかわらず」が「かからわず」になってます！

**ゴウ** **そのとおりです！　そして実は、「次の行『に』折り返す」の「に」が抜けています。**

**浅井** あ、ほんとだ！　気がつかなかった……。

**ゴウ** **特に、「ひらがなが続くところ」や「文章が次の行に折り返すところ」は誤字脱字が生まれやすいので、注視してください。**

### ❷ ポイント2：固有名詞や数字は正確か

**ゴウ** **固有名詞や数字は正確か。これも推敲での大事なポイントです。特に固有名詞は気をつけてください。サービス名やお客様の会社名、商品名、氏名などをミスしてしまうと、大きなクレームにつながる場合があります。よく間違える例を紹介します。**

- Youtube
- WEB

**浅井** あ、たしか正しくは、「Youtube」→「YouTube」ですよね！

**ゴウ** **そうですね！**

浅井　「WEB」は間違いなんですか？　そもそも正式の書き方があること自体驚きなんですが！

ゴウ　**正しくは「Web」と書きます。「WEB」や「web」ではありません。**

浅井　知らなかった。……これは間違える人、多そうですね！

ゴウ　**だからこそ、お客様のサービス名などを出すときは手動で入力せず、必ず公式サイトからコピーするようにしてください。あとは、料金や日付、電話番号、データの数値などです。これらも間違えてしまうとクレームや炎上につながることがあるので、入念にチェックしましょう。**

### ❸ ポイント3：論理の飛躍がないか

ゴウ　**推敲では、論理の飛躍がないかもチェックします。**

浅井　論理の飛躍ってなんですか？

ゴウ　**論理の飛躍とは、「根拠が不十分な状態」のことです。実際の例を見たほうがわかりやすいと思うので、次をご覧ください。**

| Before | After |
| --- | --- |
| 佐々木は再婚したい。だから筋トレを始めた。 | 佐々木は再婚したい。「結婚相手に求めるものは強靭な筋肉」というデータを本で見た。だから筋トレを始めた。 |

浅井　たしかに、冷静に考えると「再婚したいことと筋トレを始めること」って、イコールではないですね。

**ゴウ　ただ、Afterのように「強靭な肉体が重要というデータを見た」と書いてあれば、読者は納得してくれます。納得感のない文章だと、読者は離脱してしまいますので、推敲の際は、「読者が本当に納得できるか」を自問自答してみてください。**

### ❹ポイント4：マニュアルを守れているか

**ゴウ　次は、マニュアルを守れているかです。クライアントが決めたルールをしっかり守れているかどうか確認してください。**

浅井　マニュアルに対して「これ、おかしくない？」と思った場合は、どうすればいいですか？

**ゴウ　もしもマニュアルに違和感があるときは、クライアントに相談しましょう。意外とクラアントも過去に作ったマニュアルを引き継いでいるだけで、更新されていない場合もあるからです。違和感があれば、クライアントに伝えてみて大丈夫です。**

浅井　伝えていいんですね。嫌がられると思っていました。

ゴウ　むしろ、積極的に提案してくれる存在と認識してもらえます。ただし、「ここがダメだから直して」というネガティブな表現ではなく、「こうするともっと良くなる」などのポジティブな伝え方にしてください。ここで、クライアントと良好な関係を築ければ、「マニュアルを一緒に作りましょう」や「ディレクターやりませんか」などの話にもつながりやすくなります。

## 3 推敲の方法

ゴウ　ここでは、記事の推敲の具体的な方法を紹介していきます。

①読み直す
②別媒体でチェックする
③音読する
④校正ツールを使う
⑤外注する

### 1 読み直す

ゴウ　まずは、書いた記事をただ読み直すことです。この方法はサクっとできるものの、見落としが比較的起きやすくもあります。

浅井　見落としを減らすコツはありますか？

ゴウ　執筆から推敲までの時間を空けることです。個人的には、睡眠を挟むと脳がリセットされて、間違いに気づきやすくなります。

### ❷ 別媒体でチェックする

**ゴウ** 先述のとおり、普通に読み直すと見落としが増えてしまいます。そこでおすすめなのが、別媒体での見直しです。例えば、パソコンで記事を書いた場合は、タブレットやスマートフォン、紙にプリントアウトするなどして見直しをしてください。

浅井 媒体を変えると見落としが減るんですか？

**ゴウ** はい。媒体を変えると画面の見え方や改行位置の見落としに気づきやすくなります。中でも、多くの読者が使用しているスマートフォンがおすすめです。「パソコンでは見やすいけど、スマートフォンだと画像の中の文字が小さくて読めない」「スマートフォンだと文字が続いて疲れてしまうから、画像を入れよう」などにも気づくことができます。

### ❸ 音読する

**ゴウ** 次は、声に出してチェックする方法です。声に出すことで、「この表現は聞き慣れないなぁ」などと、違和感のある場所がわかりやすくなります。ただ、この方法はそこそこ時間がかかります。

浅井 カフェや電車内など、音読しづらい環境でも難しそうですね。

**ゴウ** そのような場所では、イヤホンをしつつ文章の読み上げ機能を使うことをおすすめします。機械が読み上げた音声を聞くことで、音読に近い環境を実現できます。

### ❹ AIや校正ツールを使う

ゴウ　ツールが修正点を指摘してくれるため、自分では気がつきにくい箇所を効率的に発見できます。ただし、ツールも完璧ではないため、参考程度にしてください。

### ❺ 外注する

ゴウ　ほかの人に費用をお支払いして、推敲を外注する方法もあります。浅井さんは、「ほかの人が書いた文章にはやたらと誤字脱字に気づく」という経験はありませんか？

浅井　あー、めっちゃあります。自分の書いた文章にはなぜか気づけないんですけどね。

ゴウ　私もそうです。「自分の誤字脱字は気づきにくいけど、他人のはなぜか見つかる」という人、かなり多いんですよね。なので費用を出せるのであれば、この方法は非常におすすめです。ただし、ほかの人に記事を見せる際は、クライアントに事前に確認しましょう。

浅井　え、なんでですか？

ゴウ　情報漏洩などの観点から、公開前に第三者に内容を見せられない可能性があるためです。ただし、私の場合、これまでクライアントに事前確認をして断られた経験はありません。むしろ、「ありがたい」と言ってもらえることのほうが多いです。仮に断られたとしても、「丁寧な人だ」と印象が良くなるかもしれませんので、外注を検討したら躊躇せず提案してみてください。

column

# AIを活用できる Webライターになろう

PXC株式会社　新井 裕美香

「ChatGPT」など生成AIの技術は、日々ものすごいスピードで進化をしています。特にWebライティング分野での活用は目覚ましく、私たちPXC株式会社が開発したAIライティングツール「AMAIZIN（アメイジン）」を使えば、記事の構成・本文・タイトル・メタディスクリプション（検索結果に表示される概要）をすべて自動で作成できるようになりました。

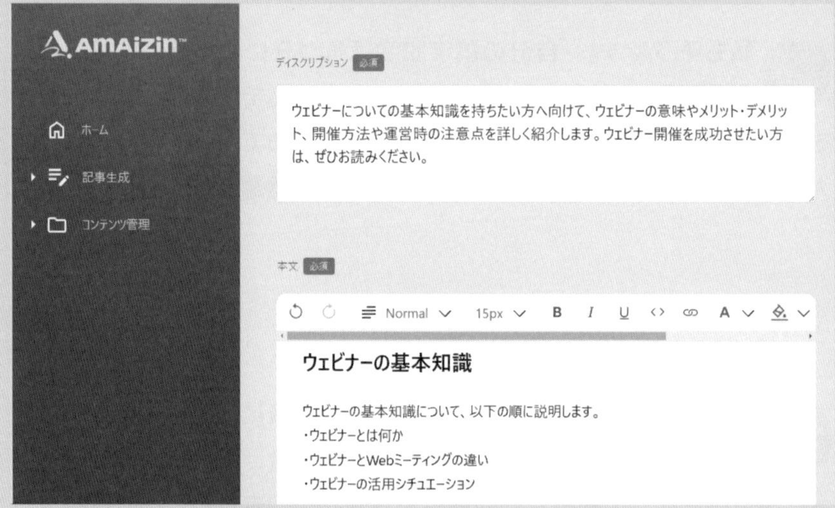


※参考：AMAIZIN　https://amaizin.biz/

こうした状況を受け、「Webライターの仕事は今後どうなるのだろう」と不安な方も少なくないのではないでしょうか。

しかし、Webライターを目指すみなさんに知っておいてほしいのが、AIはWebライターの仕事を奪う競争相手ではなく、執筆を助けてくれるパートナーであるということです。AI を敵視して競うのではなく、頼れる味方として活用することで、より市場価値の高い Web ライターになれると私は考えています。

では、AI を頼れる味方として活用するとは、具体的にどういうことでしょうか。一例を挙げると、「誰でもできることは AI に任せ、Web ライターは自分自身にしかできない領域に注力をする」という活用法が考えられます。

例えば、観光スポットの紹介記事を書くとした場合。その場所の歴史やアクセス方法といった「誰が書いても違いが出にくい情報」は AI ツールに執筆させ、その場所の雰囲気や見どころといった「Web ライターの個性が反映される情報」は、Web ライターが自らの手で仕上げるイメージです。

このように、AI と人間それぞれが得意とする領域をしっかりと理解をし、Webライターが自分にしかできない「取材」や「情報のセレクション」に専念することで、質の高い記事を素早く作成できるようになるはずです。

AI 技術は、今後も日進月歩で進化をしていくと予想されます。必要以上に恐れて敵対視するのではなく、むしろ進化を歓迎して、どうご自身の Web ライター業に活かせそうかに意識を向けるようにしましょう。

これこそが、AI 時代でも代替の効かない Web ライターになるための第一歩になるはずです。

※著者注：この文章は、AI ライティングツール「AMAIZIN」を使って
　　　　　構成・執筆を行いました。

---

**PXC 株式会社　新井 裕美香**

同社入社後、営業・プランナー・ディレクターと仕事の幅を広げながら企業の販促支援に従事。その傍らで複数の自社サービスの立ち上げに関与。現在は経験をもとに AMAIZIN プロジェクトマネージャーとして奮闘中。

# 5章

# 仕事を獲得する

# さあ仕事を獲得しよう

ゴウ 「Web ライターとしてのプロフィール」「自分のブログ」「サンプル記事」、これらの準備ができたら、いよいよ仕事の獲得です。これからお話するのは、実際に何人もの未経験 Web ライターが仕事獲得に成功してきた本気の営業方法です。

## 1 営業の目標値を考える

### 1 週30件を目標に営業をしよう

ゴウ 最初に営業の目標数をお伝えします。仮に副業で、１日に２～３時間を Web ライターの仕事に使えるのであれば、おすすめは「週に30件」の営業です。

浅井 さ、30件もですか !?

ゴウ はい、30件です。「多いなあ」と思った方は、仕事獲得に対する心構えを変える必要があります。正確には「たった30件」です。本当はもっと数が欲しいくらいです。

浅井 そうなんですね、すごい数ですね……。

ゴウ 営業力も実力も実績もある百戦錬磨の Web ライターだったら別です。ここまで数を打つ必要はありません。ただ、自分が未経験や初心者であるならば、まずは数を打つのが近道です。

浅井　頑張ってサンプルも用意しましたし、記事の品質も良くなったつもりですが、それでも、営業を数打つべきですか？

ゴウ　**はい。よく「数と質どちらが大事か」と質問をされますが、駆け出しのWebライターは、「数も質もどっちも大事」です。週30件は厳しいように思うかもしれませんが、ならせば１日４～５件です。クラウドワークスやランサーズといったクラウドソーシングサイトを毎日見ていれば、それだけの応募先は十分に見つかります。**

**初めは週に30件営業しよう！**

| | |
|---|---|
| 月 | 4 |
| 火 | 4 |
| 水 | 4 |
| 木 | 4 |
| 金 | 4 |
| 土 | 5 |
| 日 | 5 |
| | 30件 |

## ❷ ずっと週30件応募し続けるわけではない

浅井　それでもちょっと大変そうですね……。

ゴウ　**お気持ちはわかります。しかし、ずっと週30件の営業を続けるわけではありません。ある程度仕事が取れて安定的に継続するようになったあとはそんなに営業する必要はないんです。最初は仕事が取りづらいですが、実績が増えてくると、経験者として見てもらえるため営業の成功率もどんどん高まっていきます。**

**実績を重ねつつ、これから紹介する提案文の作り方を使いこなせるよ**

うになれば、受注率50%は超えてくるはずです。最初は「数打ちゃ」ですが、だんだんと本当に自分が応募したい案件だけに応募できるようになっていきます。ご安心ください。

## 2 注意：くれぐれもずっと無理はしない

ゴウ 週30件の応募は「１日２～３時間を営業に使える」という前提条件つきです。例えば、フルタイムで会社員をしつつ、家では家事や育児・介護などで時間が必要だったり、体調・体力的な問題で毎日そんなには時間が取れなかったりと、個々人の事情によっては週30件の応募が厳しい場合もあるはずです。一番避けるべき事態は「無理をした結果、続かずにWebライターの仕事をやめてしまう」ことなので、くれぐれも無理のあるスケジュールを基本にしないようにしましょう。

浅井 絶対に週30件、というわけではないんですね。

ゴウ はい。仮に週に数件しか応募しなかったからといって、仕事がまったく取れなくなるなんてことはありません。身体もメンタルも、一度崩すと復活には時間がかかりますし、そもそもそこまでして仕事にすべてをかけるべきとは思いません。

浅井 わかりました。

ゴウ ……と、ここまで前提をお伝えしたうえでですが、「体調などを崩さない程度に短期的にちょっと無理をする」というのは、考え方としてはありです。あと、「できるのにやらない」のは違うので、そこも注意してくださいね。

5章-2

# 仕事応募に手が動かないあなたへ

浅井 応募は始めているんですが、腰が重たくて……。

ゴウ **「営業しよう」と思っても、なかなか手が動かないときってありますよね。案件を見つけ、提案文を書き、応募ボタンを押す、というシンプルな作業なのに腰が重たくなるんですよね。**

浅井 はい。心の持ちようなのかブレーキがかかってしまいます。

ゴウ **私も、クラウドソーシングで応募をし始めた当初は気が重かったです。そもそも人間には、現状維持をしたがる性質があるとされています。この性質の正確性はさておいて、「人間は新しいことをするのが怖い」と知っておくことには価値があります。心にブレーキをかけてしまうのは自分だけではありません。ただ、そうはいっても、応募ができなければ仕事も獲得できませんよね。**

**そこでここからは、さまざまなWebライターの先輩がどうやって乗り越えたのか、パターン別に対処法を紹介します。**

## 1 「なんとなく」勇気が出ない・手が動かない

ゴウ **まず１つ目は、なんとなく応募する勇気が出ず、手が動かないパターンへの対応です。**

## ❶ 不安を言語化する

ゴウ　なんとなく不安な場合は、その不安の正体を言語化しましょう。言語化しないと、不安の正体がわからないまま頭の中でぐるぐる考えることになり、動きづらくなります。

言語化を進めるときにおすすめしたいのが、「０秒思考」というテクニックです。書籍でも出版されていますし、検索エンジンで検索するとやり方が出てきます（参考：赤羽 雄二著『ゼロ秒思考　頭がよくなる世界一シンプルなトレーニング』ダイヤモンド社）。

浅井　どういった方法なのでしょうか？

ゴウ　A4の紙に今の悩みや対策などを、思うがままに書きなぐります。具体的には、①まず左上に「なぜ応募するのが不安なのか」などとタイトルを書き、②その下に１分間思ったことを書きなぐる。たったこれだけです。実際にやってみると、驚くほど頭の中のモヤモヤが言語化されていきます。ペンと紙があればすぐにできるので、ぜひ試してみてください。

**「０秒思考」で頭の中を言語化する**

**手順**

① 紙とペンとタイマーを用意する

② 紙の左上に悩みなどのテーマを書く

③ 紙の中央に箇条書きで頭に思い浮んだことをひたすら書きなぐる（１分）

④ 書きなぐって見えたことをテーマにして②～③を繰り返す

ぐちゃぐちゃでも気にせず
書きなぐるのがコツ

## ❷ 対処法を考える

ゴウ　0秒思考で不安の正体を言語化できたら、対処法を考えてみましょう。例えば、下記のような方法があります。

・紙に書いて考える
・お風呂に入りながら考える
・散歩しながら考える

ゴウ　アイデアはリラックスしているときに浮かびやすいため、入浴中や散歩中に考えるのがおすすめです。もちろん、「どう対処するか」をテーマに0秒思考で考えるのもいいですね。

ただ、対処を考えるのはなるべく日中とし、深夜には行わないようにしましょう。経験上、深夜はネガティブな考えが生まれやすくなります。

浅井　そうなんですね、知りませんでした。

ゴウ　それから、書籍や記事で方法を学んだり、自分より経験豊富なWeb ライターさんに相談したりするのも有効です。具体的な仕事内容について人に相談する場合は、クライアントの機密情報を口外しないなど守秘義務違反には気をつけてください。

## ❸ それでも漠然とした不安がある場合

ゴウ　ここまでお伝えした方法に取り組んでもなお漠然とした不安が残る場合は、「応募した未来」と「応募しない未来」それぞれのメリット・デメリットを考えて比較してみましょう。

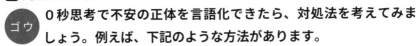

| 未来 | メリット | デメリット |
|---|---|---|
| 応募した未来 | ・採用されたら嬉しい。収入アップ<br>・仮に落ちても、次の応募に活かせる。例えば、応募文やプロフィールを改善するなど | ・特にデメリットはない。評価が落ちるわけでもない<br>・そのクライアントに二度と応募できないわけではない |
| 応募しない未来 | ・応募しないので、通る可能性はゼロ<br>・メリットはない。気が重いのを避けられるくらい | ・結果が出ないので、改善の手がかりがない |

ゴウ　メリット・デメリットで整理してみると、選択肢のどちらが損でどちらが得なのかをすっきり理解できるようになります。上記の例でいくと「応募すること」にデメリットはなく、逆に、「応募しないこと」にメリットはありません。応募したほうがお得だと考えて良さそうですよね。

浅井　本当ですね。すっきり考えられました。

ゴウ　もちろん、頭で理解はできても、気持ちのうえで納得できず、抵抗が残るかもしれません。そんなときは、「出さなくてもいいや」という気持ちで先に応募文を書いてしまいましょう。応募文ができたら、やることは「ボタンを押す」だけ。１秒もかかりません。最後は「えいやっ！」という勢いも大切です。そして、応募したら、すぐに別のことを考えましょう。私自身、駆け出しの頃は勢いで応募ボタンを押したと同時にパソコンを閉じ、コンビニまで走ってアイスを買いに行ったものです。その間０秒です。ほかにも、SNSや自分が属するコミュニティ

**などで「今日、応募します！」と宣言して、応募するしかない状況に自分を追い込むことも有効です。**

浅井　勢いも大事なんですね。わかりました、チャレンジしてみようと思います！

## 2 応募したい案件が見つからない

ゴウ　**応募したい案件が見つからない場合は、応募する案件の幅を広げましょう。「好き・やりたいジャンル」だけに絞って探していると、数も絞られてしまいます。「嫌いじゃない・調べたら書けそうなジャンル」くらいまでは広げて探しましょう。だいぶ応募できる数が増えるうえに、「興味はなかったけれど、書いてみたら意外に好きだった」という発見もよくあります。**

**向き不向きはやってみないとわかりません。「嫌じゃなければ応募する」くらいのスタンスで、積極的に挑戦しましょう。**

## 3 実力に不安がある

### ❶ 自分のレベルで足りているのか不安な場合

浅井　募集を見ていると、有名企業の案件もあって、「自分なんかが応募して良いのだろうか」と尻込みしてしまいます。

ゴウ　**自分のレベルでこなせるのか不安なときにおすすめしたいのが、応募時に「自分が書いたサンプル記事」を添えることです。事前にサンプル記事を読んでもらったうえで採用されたなら、それは、「クライアントはあなたのレベル感に納得したうえで発注してくれている」ということです。サンプル記事と同じレベルのクオリティの記事を提供できれば、なんの問題もありません。**

浅井　なるほど。

ゴウ　**そもそも、自分の書いた記事のレベルの判断は、クライアントが行うことであって、自分でするべきではありません。同じ記事でも「最高だね」と高く評価してくれるクライアントもいれば、「使えない」と低く評価するクライアントもいます。繰り返しますが、今のレベルが合格かどうか判断するのは「あなた」ではありません。自分で判断しないでくださいね。**

**サンプル記事を添えよう**

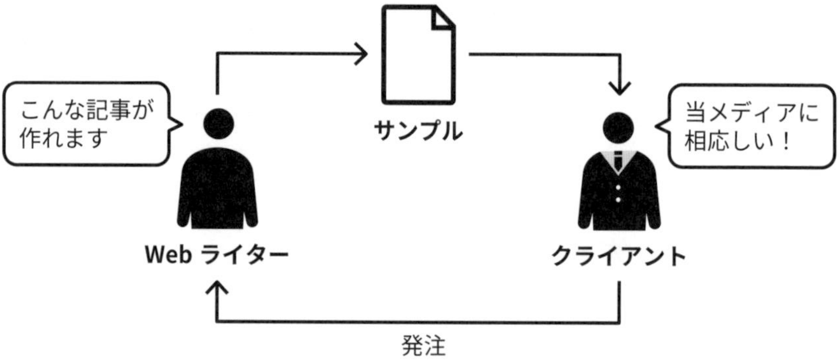

こんな記事が
作れます
サンプル
当メディアに
相応しい！
Web ライター
クライアント
発注

**レベルに納得して発注してもらえる**

## ❷ 落ちたら自信をなくしてしまいそうで不安な場合

浅井　落ちたら自信をなくしてしまいそうで、怖い気持ちもあります。

ゴウ　**お気持ちはよくわかるのですが、そこまで神経質になる必要はありません。実力以外の原因で採用されないケースは本当によくあります。例えば、「今回は別の経歴の人が良かっただけ」とかですね。「不採用＝実力がない」とは限りませんので、自信までなくす必要はありま**

**せん。それに、仮に落とされても同じクライアントの仕事に再挑戦もできます。再挑戦をして怒られることはまずありません。せいぜい返事がないくらいです。再挑戦によって採用された人もたくさんいますよ。**

## 4 準備やリソース不足が心配

### 1 WordPressで記事を書けていない場合

浅井 もっと準備できることがあるんじゃないか、応募して逆に通り過ぎちゃったらどうしよう……なんていう悩みもあります。例えば、サンプル記事です。WordPress で書けておらず、Word で書いてしまっていたらどうなんでしょうか。

ゴウ **サンプル記事は WordPress で記事を書けていなくても大丈夫です。無料のブログサービスなど、記事の体裁が整えられるものであればなんでも構いません。単に応募に使うためであれば、無料で使えて共有もしやすい Google ドキュメントでも十分です。**

浅井 Google ドキュメントでも OK なんですね。

ゴウ **はい、単発で見せるだけならまったく問題はありません。ただ、WordPress が扱えるのであれば、それは応募文でしっかりアピールしておいたほうがいいですね。WordPress が扱えるのは Web ライターの基本スキルの１つで歓迎されます。**

### 2 いくつも応募した結果キャパオーバーが不安な場合

ゴウ **「たくさん応募して全部通っちゃったらどうしよう」というポジティブな悩みについては、実際に応募が通ってから考えましょう。まあ、可能性としてはそうなんですが、幸か不幸か、駆け出しの頃はそんなにたくさんは受かりません！**

浅井 手厳しいですね……。

ゴウ **実際、そういうものです。ちなみに、正式受注前なら、クライアントに記事本数や執筆開始タイミングの交渉が可能です。応募してしばらくしてから合格の連絡が来たら「応募時とリソースの状況が変わってしまいまして、今月は○本だったら or ○日までの納品でしたら受けられます」と交渉するのは、まったく問題ありません。「初回なので進行の確認含め、まずは１～２本と少なめで or 余裕を見て○日で」のような交渉もできます。とにかく、まずは応募しましょう。**

# 5章-3 応募してもうまくいかない場合「応募したら分析しよう」

浅井　週30件応募しているのですが、なかなか採用されません。もっと応募する数を増やすべきでしょうか？

ゴウ　**「なかなか採用されない。ならばもっと営業しよう」という考え方は正しいのですが、あまりにも採用されない場合は立ち止まってみましょう。具体的には、「どこで、なんの問題が起きているのか」を要素に分けて原因を分析することなどが必要です。**

浅井　分析ですか。なんだか大変そうです。

ゴウ　**なにか問題が起きたときに要素に分けて原因を分析していく手法は、問題解決の技法として一流のコンサルタントも使っています。有用ですので、ぜひこの機会に身につけてほしいです。**

浅井　わかりました。詳しく教えてください。

ゴウ　**採用されない原因になりうることはたくさんあるはずです。例えば、次のとおりです。**

**■応募しても採用されない原因**

- プロフィールや応募文がクライアントのニーズと合致しない
- サンプルの内容がクライアントのニーズと合致しない
- 応募タイミングが悪い

・実績がまだ足りていない　などなど

**ゴウ** **まずなにが問題かを理解するために、応募から採用の流れを時系列に並べて考えてみましょう。例えば、仕事に応募しても採用されない場合、「仕事に応募→クライアントからの返信→テストや面談の実施→採用結果の通知」の流れのどこかで不採用になっています。こうして分けてみると、「クライアントから返信がない」と「テストにパスできない」と「面談で不合格」と、それぞれで採用されなくなる原因は大きく異なりそうですね。それぞれの問題に対して改善策を考え、行動する必要があります。**

**一口に不採用といっても理由はさまざま**

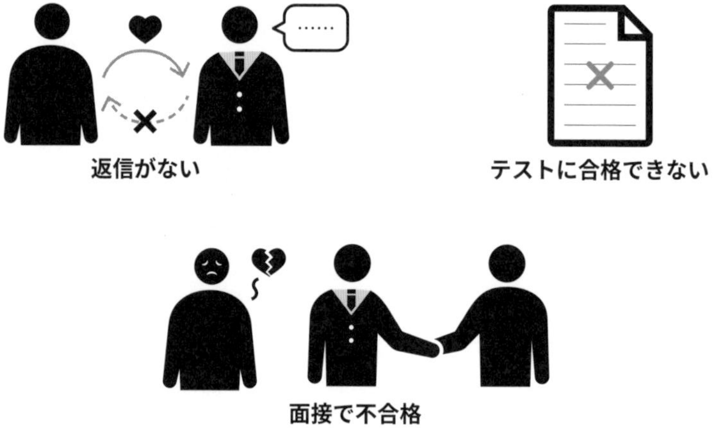


浅井 たしかにそうですね。ごちゃまぜにして、漠然とうまくいかないなあと思っていました。

**ゴウ** **はい。もっと言うと、「クライアントから返信がない」という状況１つ取っても、具体的な理由はさまざまです。そこで、次の節からは「応募からの返信待ち」「テスト」「面談」とそれぞれのフェーズごとに、どう問題を解決すべきかについて詳しく説明します。**

5章-4

# 応募しても返事が来ない場合

浅井　「いくら応募をしても、そもそも返事も来ない」場合が結構あって。これはどう分析したらいいですか？

ゴウ　**まず考えたいのは、本当に「いくら応募しても」と言えるほどたくさん応募しているのかという点です。数が打てていないと、「ただの相性・タイミングの問題だった」ということが起こっちゃうからです。週30件応募してからスタートだと思ってください。**

浅井　週30件以上は応募しているので、その前提でお願いします！

ゴウ　**であれば、「応募の質」の問題を疑っていいと思います。例えば、次のような内容です。チェックリストにしたので、当てはまらないかチェックしてください。**

**■応募の品質チェックリスト**

- □ 提案文がコピペっぽくなっていないか
- □ 募集文で指定された質問に答えているか
- □「自分がWebライターとしてクライアントの仕事にどう役に立てるか」が書かれているか
- □「初心者です」などの予防線や、勉強させてくれというニュアンスが応募文に含まれていないか
- □ 実績が明確で、かつクライアントのニーズと合っているかどうか
- □ 実績として提示した記事の質が低くないか
- □ 応募ややり取りの返答が遅くないか

# 応募しても テストで落ちる場合

ゴウ 次は、応募後のテストライティングで落ちる場合です。

> **テストライティング**
> 本格的に継続的な発注や複数記事の発注をするまえに、1～2記事ほどテストとして記事を書くこと。合格したら本採用となる。

ゴウ 以下、テストライティング突破のポイントをお伝えします。

## 1 テストライティングが行われる理由

ゴウ テストライティングが行われる理由には、「複数の候補者の中からより良い Web ライターを選ぶため」「本当にこの人で大丈夫かを最終確認するため」という主に２つがあります。

### ❶ 複数の候補者の中からより良いWebライターを選ぶため

ゴウ クライアントが記事作成の仕事を募集すると、たくさんの Web ライターから応募が届きます。その中から仕事を任せるのに相応しい人を選ぶには、基準を設けなくてはなりません。そのために、テストライティングがあるわけです。

### ❷ 本当にこの人で大丈夫かを最終確認するため

ゴウ 採用候補を絞ったあとに、最終確認としてテストライティングを行う場合もあります。この場合は、「テスト」ではなく「〇記事お願いします（継続の可能性あり）」といったお題で募集されることが多いです。その記事（２～３記事が多い）が、実質的にはテストです。

浅井 どうして複数記事、書かないといけないんですか？

ゴウ **最初の１記事が良くてもだんだんクオリティが落ちてきたり、雑な仕事の進め方になったりするWebライターも意外と多くいるからです。だからこそ、複数記事のテストで、文章力以外の「人となり」を確認し、本採用を決定します。**

## ② テストライティングで見られる５項目

ゴウ **テストライティングでよくあるチェック項目を紹介します。自分の耳も痛いのですが、すべてを棚上げしながら重要度順に紹介しましょう。**

**■テストライティングで見られる５項目**
①納期を守れるか
②クライアントのルールを守れるか
③誤字脱字がないか
④内容は正しいか
⑤ SNSでネガティブな発信をしていないか

### ❶ 納期を守れるか

ゴウ **納期を守れない人は思いのほか多いです。記事のクオリティは大切ですが、納期が遅れれば基本的に確認の対象にすらなりません。**

**できれば納期よりも早く納品できると理想です。特に、候補者が何人もいる場合は、早く納品した人のほうが良い印象を持たれます。記事のクオリティがいくらか低くても、納品が早いことが評価されて採用にな**

るケースもあるほどです。もちろん、ギリギリであっても納期さえ守っていれば問題はないのでご安心ください。

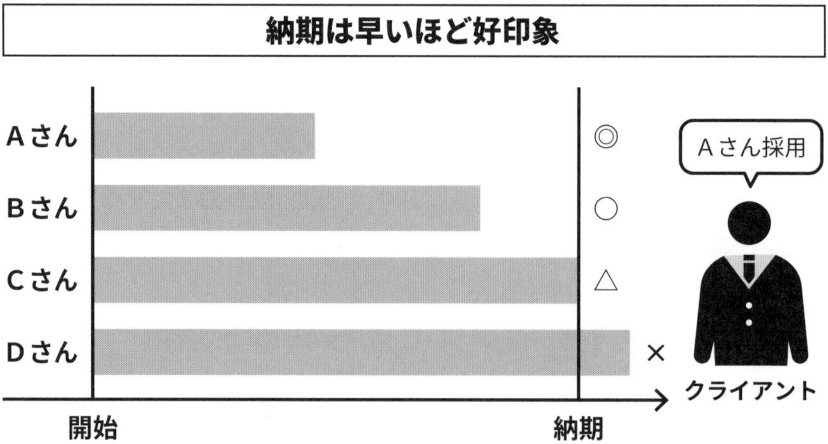


ゴウ　とはいえ、Web ライターも人間である以上、遅れてしまうことはあります。病気がわかりやすい例ですね。その場合は、遅れが見込まれしだいすぐに報告・連絡・相談を行いましょう。

　ちなみにクライアントは、「実際にお仕事を始めたらどうなるか」という目線でテストを実施しています。事情があって遅れることも想定し、「遅れる場合にどういう対応をするか」もテストの対象です。納期に間に合わなくても対応の仕方で十分取り返せることがあるので、あきらめずに一刻も早く相談しましょう。

浅井　了解しました！

ゴウ　なお、納期当日まで粘って「やっぱりできませんでした」。これは即不採用になるので絶対に避けましょう。

## ❷ クライアントのルールを守れるか

ゴウ　テストライティングの際に、クライアントのルールを守れていない人もよく見られます。落選する理由のかなりの割合がルールの確認漏れです。これは、「ルールを守れない＝案件開始後もディレクター側から伝えたことを守らない」と判断されるためです。テストライティングで記事を執筆したあとは「自分はクライアントのルールを守れていない」という前提で、原稿を繰り返し確認することが重要です。

なお、仕事によってはクライアントのルールの指定をまとめた資料やマニュアルがない場合もあります。資料やマニュアルがない場合には、テストライティング受注まえにクライアントとやり取りし、注意点や事前の指示などがないかを聞き出して、それを確実に守りましょう。

## ❸ 誤字脱字がないか

ゴウ　記事を執筆する際は、誤字脱字がないように徹底確認しましょう。誤字脱字はWebライターにとっては「なくて当たり前」の大前提です。とはいえ、執筆段階で誤字脱字をなくすのは、意外と難しいもの。そのため、４章でも述べましたが、音読したり、別媒体で確認したりなどのテクニックを取り入れて対処しましょう。

**誤字脱字を防止する方法**

音読する
別のデバイスで確認する
一晩寝てから見直す

### ❹ 内容は正しいか

ゴウ　ディレクターは、記事に書かれている内容が正しいかを確認しています。特に、初心者の Web ライターがやってしまいがちなのが、信頼性の低い個人ブログの情報を根拠として持ってきてしまうことです。ケースにもよりますが、個人ブログは根拠としては不十分である場合がほとんどなので、注意が必要です。

浅井　では、どういった情報なら根拠となりうるんでしょうか？

ゴウ　公式の文章です。「国のことは官公庁のサイト」「製品やサービスは、それを提供している企業の公式サイト」と考える感じですね。もしくは、信頼できる論拠のある論文なども使えます。Google Scholar のような「論文検索サイト」を使うと探しやすいですよ。

浅井　論文検索サイトなんていうものがあるのですね！

ゴウ　はい。便利なのでぜひ使ってください。なお、記事を書くときには参考にしたサイトの URL は必ずメモして、納品時に原稿に添えて提出するのがおすすめです。なんの情報を参照したのかが明確になっていると、クライアントの確認作業が楽になります。気が利くと思われれば本採用される可能性が高まるため、おすすめです。

### ❺ SNSでネガティブな発信をしていないか

ゴウ　採用を決めるまえに SNS をチェックするディレクターも多くいます。SNS で不用意な発言や、ネガティブな発信が多いとマイナスになりかねません。まして、ほかのクライアントや仕事への不満は言語道断です。どうしてもネガティブな発信をしたい場合は、ビジネスと紐づかないプライベートアカウントで行いましょう。

浅井　うっかりやってしまいそうなので気をつけます。

## 3 テストライティングの結果が来たあとの対応

ゴウ　テストライティングの結果が来たら、クライアントに理由を聞いてみましょう。例えば、採用された場合は「なにが決め手となって採用していただけたのでしょうか？」、採用されなかった場合は「どのあたりが改善されれば採用の可能性がありましたか？　差し支えなければ、お手数ですが教えていただけると幸いです」と聞いてみるイメージです。理由を聞くことで、クライアントがなにを重視しているのかがわかったり、自分の良い点・悪い点が客観的にわかったりと、多くのメリットがあります。

ただし、クライアント側からすれば、わざわざ時間をかけて教えるのも手間です。「教えてくれたらラッキー」程度に考え、過度な期待はしないようにしましょう。

## 4 テストライティング突破後に継続受注につなげるポイント

ゴウ　テストライティングを突破できたら、継続受注に意識を向けましょう。そもそも継続にならない理由は、予算縮小やプロジェクト終了などクライアントの問題である場合が多いです。Web メディアではよくあることなので、この場合はあまり気にしすぎる必要はありません。気持ちを切り替えて、次の仕事を探すのがおすすめです。

ただし、くれぐれも Web ライター側に問題があって契約終了とならないよう注意してください。例えば、次のようなケースです。

**■ Web ライターに問題があって契約終了になるケース**

・原稿の内容に手抜き感がある

・フィードバックしても成長が見られない

・コミュニケーションコストが高くやり取りしにくい

**ゴウ　ディレクターは、想像以上に手抜きに敏感です。自分では手を抜いているつもりがなくても、記事のクオリティが低下するとすぐに気がつきます。そのため、「前回よりも前進できているか」を自問自答し続けることが大切です。同じミスを繰り返すのは、かなりの失点なので注意してください。対策方法としては、フィードバックをリスト化して同じミスを繰り返さないようにしたり、サービス資料をディレクターからもらって読み込んだりする方法があります。**

浅井　疲れていても、忙しくても、やるべきことはやらねばですね。

**ゴウ　それから、コミュニケーションも重要です。ディレクターは忙しい人が多いので、「質問の意図がつかめない（話が要領を得ない）」「調べればわかることを質問してくる」といったコミュニケーションは、あまり良い印象を与えません。質問する際は、「なにを」聞きたいのか結論をしっかり伝えたり、「調べてもわからなかったのですが」と一言クッションを入れたりすることが重要です。**

## 5 テストライティングに対する Webライター側のスタンス

浅井　盛りだくさんでしたが、どんなポイントを押さえれば良いのか整理ができました。

ゴウ　それは良かったです。ただ、最後に知っておいてほしいのが、Web ライターとディレクターは「対等」ということです。テストライティングは、ディレクターが一方的に Web ライターを評価する場ではありません。Web ライター側もクライアントを評価し、付き合い続けたい相手なのかの判断をしましょう。長期的なお付き合いができそうなクライアントを選ぶことは、今後の Web ライター活動の幸福度や生産性を大きく左右します。相性の悪い相手と仕事を始めてしまうと、思うようなパフォーマンスが発揮できないどころか、ストレスによって心身にダメージを受けてしまう恐れもあります。クライアントに違和感があれば、Web ライター側からお断りするのも大切です。仕事をもらう側だからといってへりくだるのではなく、フラットな視点で関係を見るようにしましょう。

**Web ライターとディレクターは対等**

# 応募しても
# 面談で落ちる場合

浅井 応募後のオンライン面談で不採用になってしまいました……。

ゴウ **仕事が始まる前に面談を求められることも多くて、そこでうまくいかずに失敗する場合もあります。そこでここからは、面談で準備すること・意識することを解説します。**

※著者注：本節でいう面談は、受注前後の「初回」の面談についてです。

## 1 面談の目的

ゴウ **クライアントが面談を実施する目的は、主に２つです。**

・コミュニケーション力を確認したい
・相性を確認したい

**面談の目的**

Web ライター
クライアント
山！
川！
コミュニケーション力を
確認したい
相性を
確認したい

ゴウ **コミュニケーション力というと、「会話を盛り上げる」といった「トーク力」を想像しがちですが、面談で「トーク力」は求められません。話してみて「怖い人ではないか」「話が通じるか」を確認したいだけなのです。**

浅井 なるほど。別に無理してトークを盛り上げなくてもいいんですね。

ゴウ **はい。それから面談では、「相性」も確認されています。いざ契約して仕事が始まったあとで相性の悪さが発覚するとお互いに大変です。トラブルはクライアントも避けたいため、仕事への姿勢や考え方はよく質問されます。無理に取りつくろわず、素直に受け答えをするようにしてください。なお、もし相性が悪く、こちらから辞退したほうが良いと判断した場合は、仕事が始まるまえに申し出るようにしましょう。**

## 2 面談まえに準備しておくこと

浅井 面談まえに準備しておくことを具体的に教えてください。とにかく不安で……。

ゴウ **具体的には、次のとおりです。それぞれ詳しく見ていきましょう。**

**■クライアント面談まえに準備しておくこと**
① Web ミーティングツールを使えるようになっておく
②面談の内容を事前に確認する
③想定問答を準備する
④聞きたいことを準備する

## 1 Webミーティングツールを使えるようになっておく

ゴウ **オンライン面談では、ZoomやTeamsなどのWebミーティングツールを使用するケースがほとんどです。ここでは、よくある失敗例と対策方法を2つ紹介します。**

### 1）ツールにログインできない

ゴウ **1つ目は、「Web ミーティングツールを使おうとしたがログインできなかった」という例です。いざ面談時間を迎え、使おうとしたらログインを求められ、ID などがわからずにあたふたするケースは多くあります。事前にログインして問題なく通話できるか必ず試しておきましょう。**

**また、リハーサルは問題なくても、当日にパソコンや Wi-Fi が不調でつながらなくなるケースもゼロではありません。そのため、スマホにあらかじめミーティングツールアプリをダウンロードしておき、いざとなればスマホ回線から使えるようにしておくのも重要です。いつか私に感謝する日が来るはずなので、必ずアプリをダウンロードしておいてください。感謝の気持ちはこの本を SNS などで PR してくれたら OK です。わかりましたね。**

浅井　誰に喋ってるの？

**2）ツールの使い方がわからない**

**ゴウ　2つ目の失敗は、「ツールの使い方がわからない」というケースです。マイクやカメラをオンにできない、画面を共有できないなどですね。これは事前に使い方を確認しておくことで、リスクを減らせます。**

**マニュアルやヘルプを見るだけではなく、実際に誰かと試してみるのがおすすめです。家族や友人、仕事仲間などに協力を仰いでみましょう。**

浅井　ちなみに、使い方というのはどこまでを指すのでしょうか？

**ゴウ　Web ミーティングツールにはたくさんの機能が搭載されていますが、最低限下記の3つを使えるようになっておけば大丈夫です。**

- 自分の画面を相手に共有する方法（画面共有機能）
- 自分の声を出す、出さない設定（ミュート機能）
- 自分の顔を出す、出さない設定（カメラ機能）

**ゴウ　ちなみに Web ミーティングツールを使用すると、カメラに自分以外の背景も映り込みます。背景が散らかっていては悪い印象を持たれかねないため、片付けましょう。ツールで背景の設定もできますが、慣れないうちはツールに頼る部分を増やさないほうが無難です。**

## ❷ 面談の内容を事前に確認する

浅井　面談で「なにを聞かれるかわからない」のも不安です。

ゴウ　未知のものに不安を感じるのは人間として当たり前です。不安を解消するために面談の内容を事前に確認すると良いでしょう。クライアントには「準備しておかないとうまく答えられず、あたふたしてしまいそうなので、可能でしたら事前に議題を教えていただけますか」などと伝えましょう。意外と教えてくれますよ。

**❸ 想定問答を準備する**

ゴウ　面談でよく聞かれる内容にはパターンがあります。それらを丁寧に準備しておけば、あせらずに受け答え可能です。

**面談でよく聞かれること**

自己紹介をお願いします

弊社の Web サイトは
見ましたか？

１)「自己紹介をお願いします」

ゴウ　まず、一番聞かれるのが「自己紹介をお願いします」です。これは必ず準備しておきましょう。慣れていない場合は、意外とうまく自己紹介できません。難しい内容にする必要はないため、下記の内容を台本のように準備しておくのがおすすめです。だいたい１つあたり20〜30秒を目安に話せるようにしておきましょう。

・挨拶
・自分の経歴（Web ライターに限らないもの・Web ライターとしての経歴）

・（あれば）今後やりたいこと、書きたい記事など

**2）「弊社のWebサイトは見ましたか？」**

**ゴウ　「弊社の Web サイトは見ましたか？」もよく聞かれます。今やほとんどの企業が Web サイトを持っています。面談する企業の Web サイトは、事前に確認しておきましょう。面談前に、サッと確認するだけでも十分です。もし見ていないと、聞かれたときにかなり気まずい空気になります。面談中に引きずってしまい、うまくしゃべれないなんて恐ろしいですよね。**

浅井　具体的に、どのあたりを見ておくといいですか？

**ゴウ　特に確認しておきたいのは、次のとおりです。**

・商品やサービスの概要
・最新のお知らせ

**ゴウ　余裕があれば、サービスの導入事例や代表メッセージ、沿革も見ておきましょう。Web サイトに書いてあることを質問しないようにする観点でも、Web サイトの確認は重要です。**

## ❹ 聞きたいことを準備する

**ゴウ　ほとんどの面談では、最後に「質問はありますか」と聞かれるため、自分が聞きたいことも整理しておきましょう。特に、記事を執筆するうえで重要なのは、次のとおりです。**

・ゴール：なにを売りたいのか

・ターゲット：どんな人に売りたいのか

浅井　なるほど。「自分が企業に対して聞きたいこと」ではなく、「お仕事を受ける前提で必要な情報」を聞くといいんですね。

**ゴウ　はい、そのほうが仕事に対して前向きでいることのアピールになるのでおすすめです。例えば、想定している記事の制作期間や１記事あたりの文字数など、面談時点で判明していないことをまとめておくと良いでしょう。話をする中で「制作期間には１週間ほしい」「修正には３営業日は必要」など、しっかりと目線を合わせておけると理想です。**

## 3 面談中に意識すること

**ゴウ　面談は事前準備が重要なため、面談中に意識することは多くありません。とりあえず下記の２つを意識すれば大丈夫です。**

・「結論」から伝える
・「笑顔」を意識する

**面談中に意識すること**

浅井　それぞれ具体的に教えてください。

ゴウ　**まず、必ず結論から伝えることを意識しましょう。思いつくまま整理せずに話すと、「つまり、どういうことですか？」と冷たく聞き返されるような事態になりかねません。スムーズにやり取りするためにも、先に結論を伝え、そのあとに背景や理由を補足するのがおすすめです。また、話している途中で結論が言えていないなと思ったら、「いろいろ言っちゃいましたが、結論は……」と改めてまとめ直すのもおすすめです。私はよくやります。**

浅井　面談もまず結論から。文章執筆と一緒ですね。

ゴウ　**そうですね。それから、面談中はできる限り笑顔を意識しましょう。特に、オンライン面談は画面が小さく、表情もわかりづらいです。真剣になればなるほど表情が「怖く」見えます。画面を録画して自分の顔を見たり、口角を上げる練習をしたりしておくことが重要です。**

## 4 面談後にやること

ゴウ　**面談が終わったあとはホッとして気が抜けてしまいがちですが、忘れずにやるべきことが３つあります。**

- 直後にお礼の連絡をする
- 宿題があれば、すぐに行う
- 覚えているうちに面談の内容をメモする

ゴウ　**まず面談が終わった直後に、お礼の連絡をしましょう。「今日はありがとうございました」「丁寧に対応いただけて安心しました」**

**など、簡単な連絡で大丈夫です。**

**それから宿題がある場合は、できる限りすぐに対応して連絡をしましょう。そして、特に重要なのは、面談の内容を覚えているうちにメモすることです。**

- なにを聞かれたのか
- どう答えたのか
- どう答えたら良かったのか
- 反応が良かったことはなにか

ゴウ **面談でしゃべった内容を仕事に活かす意味もあるのですが、ほかのクライアントとの面談対策としても使えるんです。いろいろなクライアントで共通して聞かれる質問も多いので、蓄積するほどに面談が楽になっていきますよ。ぜひ実践してください。**

6章

# Webライティング力を高める

# 読書のすすめ

## 1 「読む力」の鍛え方

ゴウ Web ライターが文章力を身につけるためには、まず「読む力」を養うことが大切です。文章を読んで理解できない人が、誰かに理解してもらえる文章を書くことはできないからです。実際に、私が日頃 Web ライターの文章を添削していても、参考文献などから調べた情報を正しく理解できていないまま文章を書いているケースをよく見かけます。それでうまくいくわけがないですよね。

浅井 読む力からというのは意外です。

ゴウ 「文章力」というくらいなので、とにかく書かねばと考えてしまいがちですが、まずは、手前の読む力＝「読解力」を身につけるところから始めましょう。文章を扱う Web ライターを目指す以上、避けては通れません。読書習慣があるよという人以外は、いったん正座して読み進めてください。

浅井 （正座）

## 2 Webライターには「人に説明できる読解力」が必要

ゴウ そもそも「読解力」とはなんでしょうか。「Web ライターに求められる読解力」としては、読んで理解する「だけ」では少しもの足りない気がしませんか。

浅井 そうかもしれません。

ゴウ そこで、本書で提唱したいのが「読んだり聞いたりしたことを、人に説明できるレベルで理解する能力」という定義です。

**Web ライターにとっての「読解力」の意味**

| 一般的な意味 | Web ライターにとっての意味 |
| --- | --- |
| 文章を読み<br>その内容を理解する能力 | 読んだり聞いたりしたことを<br>人に説明できるレベルで<br>理解する能力 |

自分なりに理解するだけでは足りない！

ゴウ Web ライターの仕事は、リサーチしたものや、聞いた話・提供される資料を、読解し、わかりやすい文章にしてほかの人に伝えることです。そのためには、ただ、見聞きした話を「自分なりに理解するだけ」では足りません。「ほかの人に説明できるように、自在に表現や例を変えられるレベル」で、話の内容を深く理解しなければならないわけです。

浅井 でも、説明くらいはできますよ。普段から仕事でもたくさんの人に報告や説明をしていますし。

ゴウ **おお、素晴らしいですね。ですが、Web ライターに求められるのは、数千文字から数万文字の「長文」です。しかもそれを、構成や情報量のバランスにも気を配ってわかりやすい文章で説明することが求められます。**

## 3 読解力を身につける方法

### 1 長文を読む

浅井 じゃあどうしたらいいんでしょうか？

ゴウ **その答えは、とにかく「長文をたくさん読むこと」。これに尽きます。「人に説明できるレベル」という話もしましたが、まずはそのまえに、「読み慣れること」が大事です。長文を正しく読み解くためには、重要な話とそうでない話を仕分けたり、話と話の文脈を読み取ったりといった、かなり高度な頭の使い方が求められます。**

浅井 たしかに、長い文章なんて全然読めないかもしれません。

ゴウ **忙しい中で長い文章を読むのはとても大変なことです。しかし、長文をたくさん読んで、頭の使い方を鍛えられているかどうかは、文章の品質を大きく左右します。**

### ❷ビジネス書を読む

ゴウ **ただし、長文ならなんでもいいわけではありません。読みやすくも、なるべく質の高い長文を読むようにしてください。おすすめは、「出版社から出されているビジネス書」です。**

浅井 個人が出している電子書籍や、ブログなどではダメですか？

ゴウ **実は「質の良い文章」に出会えるのであれば、正直なんでも構いません。ただ、Web 上の長文の記事や電子書籍には、残念ながら質の低いものが多いです。例えば、ターゲットやメッセージ、ロジックなどの考慮が足りておらず、内容や文脈をつかめないどころか崩壊している場合も多いんです。そのため、頑張って読んでも得るものが少なく、実りのなさから長文を読むのが嫌いになってしまう可能性もあります。**

浅井 たしかに、心当たりのあるモノがいくつもありました。でも、安かったり0円だったりで、ついつい手を出したくなっちゃうんですよね……。

ゴウ **それに対して、出版社が出すビジネス書は、「プロの編集者チームによる編集・校正」を経て出版されているぶん、ある程度の品質が担保されています。もちろん、Web 上で自由に読めるものにも質の高い長文はたくさんありますし、紙で出版されていても、いまいちなものもあります。しかし、可能性で言えば、プロの編集チームが関わって仕上げた１冊のビジネス書のほうが「当たり」であることが多いはずです。**

**読解力をつけるならビジネス書を読もう**

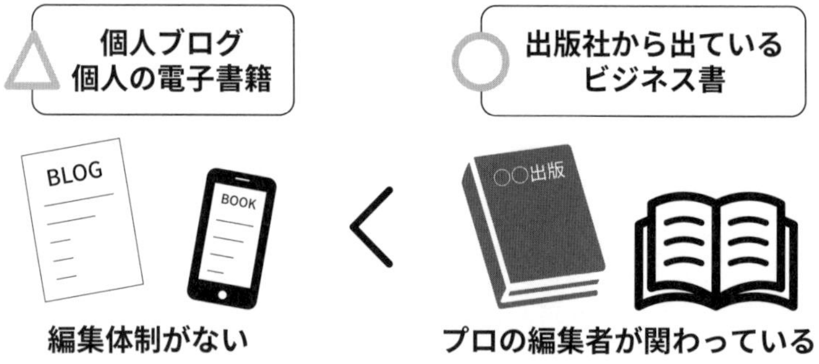


## ❸「本を使う」読み方をする

浅井　でも忙しい中で、副業 Web ライターをしながら週に 1 冊も読めないんですけど、どうしたらいいですか？

**ゴウ　わかります。ただ、そんなときに覚えておいてほしいのが、「本を使う」という考え方です。「本を使う」とは、簡単に言えば「自分の抱えている問題や、困っていることにだけ絞って、本を部分的に読む」こと。例えば、「記事のタイトルがうまく書けない」という問題があるなら、文章に関する本を数冊用意して、「タイトルの書き方」の章だけを精読する。「仕事がうまく取れない」と悩んでいるなら、営業に関する本を複数用意して、「応募方法」や「ポートフォリオの書き方」の章だけを読み込むイメージです。**

浅井　つまり、まるまる 1 冊、始めから終わりまでは読まないってことですか？

**ゴウ　はい。そして、この「本を使う」考え方は、私としては「魔法の本の読み方」だと考えています。**

**1）複数の本を読み比べることで、さらに読解力が高まる**

ゴウ **ECサイトやブログで書評を見ていると、「この本はわかりやすい」「この本はわかりづらい」という意見を目にします。実はこうした意見は、前提として、無意識のうちに「これまで読んできた本と比べて、わかりやすいか」という前提で述べられています。極論ですが、「１つしか文章コンテンツを読んだことがない」場合には、それがわかりやすいのかわかりにくいのかの判断がつかないはずです。**

浅井 たしかに……そうかもしれません。

ゴウ **この比較の観点は、Webライターが文章力を高めるうえでとても大切です。例えば、同じテーマについて書かれたAとBの２冊を読み比べると、Aの本は具体例が多く、言葉選びもわかりやすいが、Bの本は具体例がなく、難しい概念ばかりでわかりづらいといったことがあります。こうした体験をいくつも重ねておくと、自分が書くときにライターとして説明をするときに、「わかりやすい言葉で詳細で、具体的になっているか」と、自然に考えられるようになります。**

浅井 たしかに、せっかく文章を読むなら、少しでも自分の糧にしたいですね！

ゴウ **ちなみに、反対の意見を読み比べられるのも価値が大きいです。例えば、同じ文章術を紹介する本でも、「読者のためになることだけ書くべきだ」という本もあれば、「自分が書きたいものだけを書くべきだ」と説く本もあります。こうした対立する主張を読み比べて、自分なりにどっちに納得できるかを考えてみるわけです。このとき、「その主張の背景となる理由・根拠」や、それを説明するための「具体例」に時間をかけて読んでください。**

浅井 大変そうですし、めんどくさそうです……。

ゴウ **Web ライターになりたいなら、頑張ってください。いや、Web ライターになるならない関係なく、仕事をするうえで必ず役に立つ読み方です。異なる意見それぞれへの理解を持っておくと、「こういう意見（A）があるけど、こういう意見（B）もある。私は、こういう理由があるからAだと思う」といったように、複数の観点をもとにした説得力のあるロジックを作れるようになります。**

**2）興味のある箇所だけを読むので、知識やスキルが身につく**

浅井 でも、本って内容の全体を体系的に理解しなきゃいけないんじゃ……。

ゴウ **それは目的によります。ただ、「情報を取得する」ことが目的の場合は、必要な部分だけ理解できればいいはずです。読書をする習慣がなかった人あるあるが、「本を読むこと自体を目的にしてしまう」というものです。なんとなく紹介された本を選び、なんとなく読み始め、なんとなく文章を目で追って、なんとなく全部読み終えたけれど、かけた時間分だけの知識やスキルが身についたかというとそうでもない。「その本を読んだという事実だけ」が残って終わる……という状態です。**

浅井 まさに自分のことで耳が痛いです……。

ゴウ **本を読む心意気は素晴らしいですし、読書が続くならまずはそれも良いと思います。とにかくたくさん読めば、あとでつながるという考え方もありますし。ただ、せっかく読んでもなにも得られないような状態では、読書自体が続かなくなってしまいかねません。しかし、「本を使う」ようにすると、自分が今まさに悩んでいることについての**

**み、深く読めるようになります。「この問題を解決したい」という明確な目的を持って読めるので、得られる知識も深くなりますし、必要性があるので記憶にも定着しやすいです。さらには、読んで学んだことをすぐに行動すれば、そのまま本のノウハウをスキルとして習得できます。**

**３）大幅に時短できる**

ゴウ **そして、なにより大きいメリットが、ここまでに紹介してきたような効果が短時間で得られるという点です。速読や短い本は抜きにして、普通１冊まるまる丁寧に読もうとすると、数時間はかかりますよね。ですが、「本を使う」ようにすると、１冊を十分〜十数分で読み終えられます。**

浅井 本業があって時間がないので、それは助かります。

ゴウ **Web ライターが限られた時間の中で成長していくためには、「より少ない時間でより多くのものを得る」姿勢が大切です。「１冊まるまる読まないなんて、お金がもったいない」と思うかもしれませんが、本は「使う」ものです。読まなかった部分は、また後日必要になったときに使えばいいと割り切ってしまいましょう。**

## ④ 本の選び方

浅井 「紙の本」から選ぶつもりではあるんですが、新刊、話題の本、ベストセラー、定番などなどありすぎて、どれを読んでいいやら……。なにかおすすめの本はありますか？

ゴウ **では、ここからは、Web ライター向けの本の選び方を紹介します。**

### ❶ クライアントに関係する本を選ぶ

ゴウ　まず検討してほしいのが、今の「クライアントの仕事に関する本」です。例えば、マーケティング会社のお手伝いをしているのであれば、マーケティングに関する基本的な本、セールスの支援をしているなら、営業術に関する本を読みます。

浅井　読解力だけでなく、一緒に知識やスキルも身につけられればお得な感じがします！

ゴウ　ちなみに、クライアントにおすすめ本を紹介してもらうこともすごく効果的です。執筆するときにすぐにそのまま使えるのに加え、クライアントから「勉強熱心で意欲的なWebライター」と思ってもらえ、コミュニケーションがスムーズになる効果があるからです。継続率が上がり、報酬も増える可能性があります。なので、「クライアントにおすすめの本を聞き、その場でAmazonなどで購入し、数日以内にある程度読んでその感想を言う」動きを取り入れてみましょう。なかなかここまでやれるWebライターは多くないので、差別化にもなります。

浅井　なんだかクライアントからも、可愛がってもらえそうですね。

ゴウ　また、「これから獲得したい仕事の本も読んでおきたいところです。一緒に仕事をしてみたい人におすすめを聞いてみたり、あるいは、その仕事の業界で活躍する人がSNSで推薦している本を読んでみると良いでしょう。

浅井　わかりました！

ゴウ　なお、余談ですが、本を紹介してもらったら、紹介してくれた人へ読んだ感想を伝えるようにしましょう。単純に礼儀として必要なのはもちろん、好感度が上がるだけでなく、「そんなに勉強熱心なら……」と、仕事の獲得につながる可能性があります。あざとすぎると思われるかもしれませんが、内心がどうあれ、実際の行動がすべて最大限誠実であれば、なにも問題などないはずです。

### ❷ 自分や取引先の悩みに関する本を選ぶ

ゴウ　自分の悩みを解決する本を選ぶのもおすすめです。SEO の知識が弱いと感じるなら SEO の本、会話が苦手に感じるならコミュニケーション本を読むなどですね。それに加えて、「獲得したい案件の担当者が悩んだときに読みそうな本」に手を伸ばしてみるのも効果的です。

浅井　僕にとっての「お客様」が読んでいそうな本ということですか？

ゴウ　そうです。例えば、オウンドメディアの記事執筆の案件が欲しいのであれば、メディア運営担当者が悩んでいそうなこと、具体的には「Web マーケティング」や「問い合わせ獲得」「チームビルディング」などについて書かれた本を読みます。直接営業であれ、クラウドソーシングサイトでの応募であれ、先方担当者の悩みがわかっていれば、より適切なアプローチを選べるようになります。

# 写経のすすめ

## 1 「書く力」の鍛え方

ゴウ 次は「書く力」についてです。いきなり身もふたもないことを言いますが、「文章を書く」こと自体は、誰でもできます。例えば、スマホで誰かにチャットメッセージを送ったり、SNS で発信したりするのも立派な「文章を書く」ことで、特別なスキルではありません。ただ、「Web ライターに求められる書く力」となると、ちょっと事情が変わってきます。

浅井 では、「Web ライターに求められる書く力」とは具体的にどういったもので、どう身につけていけばいいのでしょうか？

## 2 Webライターは「伝わり成果の出る文章を書く」

ゴウ 結論から言うと、Web ライターに求められる書く力とは、「伝わる文章を、素早く書く力」です。Web ライターの仕事では、クライアントから「そうそう、こういうことを伝えたかった」と言ってもらえ、読者にも「これが知りたかった」「こういうのが読みたかった」と喜んでもらえるような、そんな「伝わる文章」が求められます。そして、そんな文章を通して、クライアントのビジネスに貢献していくわけです。

**Webライターにとっての「書く力」の意味**

| 一般的な意味 | Webライターにとっての意味 |
|---|---|
| 文章を書く能力 | 伝わる文章を素早く書く能力 |

ただ伝わるだけでなく、成果を出す

## 3 「写経」で書く力を鍛える

浅井　では、どのようにすれば伝わる文章を、素早く書けるようになるのでしょうか？

ゴウ　**ここでは、私が特におすすめしたい「写経」というトレーニングを紹介します。**

### 1 写経とはなにか

ゴウ　**一般に「写経」とは、お経を書き写すことですが、ここでは、「Webの記事や書籍の文章を書き写しながら、そのように書かれた意図を考えること」を写経と呼びます。この写経では、文字を１字１句そのまま書き写すだけではなく、改行やカッコ、太文字など記事を構成する装飾部分も含めた、すべての文章の要素を真似して書きます。そして、どんな意図をもってそのように書かれているのかまで考えを巡らせます。**

**Webライティングにおける「写経」**

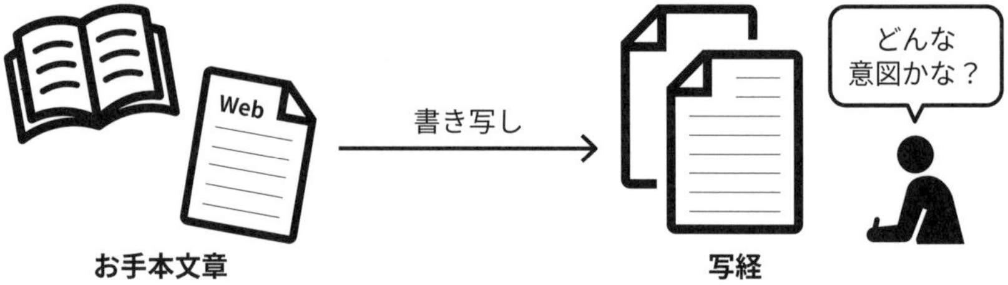


**Webの記事や書籍の文章を書き写しながら
そのように書かれた意図を考えること**

浅井　1文1文コピペするのじゃダメなんですか？

ゴウ　**経験上、雑に処理しても記憶に残らないため、おすすめできません。コピペでどんどん進めると、「わかった気」になってしまいがちです。だからこそ、1文字1文字手打ちすることで、わざと作業を遅くして、記憶に定着させることを狙います。そして、文字や装飾の意図を考え、身につけるわけです。**

## ❷ 写経の効果

- 記事の中で特に重要な部分を太字にする
- 読みやすいようにこのタイミングで語尾を変えている
- 読者がわかりやすい論理展開になっている

ゴウ　**上手な記事では、こうした「読者が読みやすくなるような工夫」や、「読者を行動につなげるような工夫」がたくさん取り入れられています。**

**ここまで紹介してきたように、文章力を鍛える方法はたくさんあります。ですが、そんな中でも「写経」は1人で簡単にできて、かつ、きち**

んと効果が出る方法です。これから Web ライターとして成長していきたいのであれば、ぜひ試してほしいです。

## 4 参考：写経の方法

### ❶ 文章エディタを用意する

ゴウ　写経をするときは、テキストの装飾が行える文章エディタを用意してください。装飾ができればなんでも構いませんが、よく使う「Google ドキュメント」や「Word」がおすすめです。ただ、人の文章なので Web で公開されないようにだけ、気をつけてください。

### ❷ 写経する記事を決める

ゴウ　文章エディタの準備ができたら、次に、写経する記事や本を決めます。基本的には、「成果が出ているメディアの記事」や「上手だなと思った記事」を参考にするのがおすすめです。最初は「なんとなく好きだから選ぶ」でも構いませんので、どんどん始めていきましょう。

浅井　まずは動く、ですね！

### ❸ 写経をする

ゴウ　写経する記事が決まったら、実際に書き写しを始めてみましょう。１字１句、そっくりそのまま書き写してください。括弧の使い方、太字や色のつけ方など、いろいろな要素がありますが、それらもすべて完全に再現をします。その中で、「どうしてここは太字なんだろう」「なぜここに括弧がついているんだろう」など気になる点が出てくるはずです。そのときは、そうなっている理由を自分なりに考えてください。例えば、「強調したいのかな」「こういうことを伝えたいのかな」と頭を働かせる感じです。

なお、もし心に残るフレーズや表現があった場合には、別途「使える表現リスト」のようにしてメモしておくと、今後自分が執筆するときにとても重宝します。

浅井 自分専用のマニュアルを作るイメージですね！

### ❹「部分写経」もおすすめ

ゴウ ちなみに私は以前、上手だなと思った記事のリード文を毎週50個ほど写経するということをしていました。

浅井 リード文だけ、ですか？

ゴウ はい。「ここがうまくなりたい」という部分をテーマにして、集中して修行しました。気になる部分だけを抜き出して、横断的にたくさんの種類の写経をすることで、上手な文章の共通点みたいなものが見えやすくて良かったです。体感ですが、一気に上手になったと思います。記事すべてを写経するのが難しいときには、「リード文だけ」のように、自分なりにテーマを決めてでもたくさん写経してみてください。

### ❺できれば答え合わせをする

ゴウ できれば、写経が済んだあとで記事の執筆者に解説を依頼して回答がもらえると理想的です。例えば、「このタイミングで改行を入れている理由は、読者が読みやすいようにしたいからではないか？」「ここに文章の装飾が入っているのは、記事の中でも重要な部分だからではないか？」など、自分で考えた仮説が、本当に執筆者の答えと合っているかを突き合わせができると、より写経の効果が高まります。

　とはいえ、いきなり執筆者に問い合わせて記事の解説をしてもらうのは難しいですよね。そこで、写経とその答え合わせができる特典動画を作りました。実際に写経を行って文章力を鍛えたい人は、ぜひ活用してみてください。

**▼読者特典受け取り用メールマガジン**

浅井　ありがたい！　すぐやります！

# 文章を書く

## 1 「まとめる力」の鍛え方

**ゴウ 「読む力も書く力も身についたし、これでWebライターとして活躍できるぞ！」と思いきや、実はまだまだ必要なスキルがあります。それは「まとめる力（要約力）」です。Webライターの現場のあらゆるところで求められます。例えば、次のとおりです。**

- リサーチした結果を「まとめる」
- クライアントのインタビュー内容を「まとめる」
- リード文に本文の内容を「まとめる」
- 見出しをつけるときに本文の内容を「まとめる」

浅井 どうやって身につければ良いでしょうか？

## 2 ほかのWebライターに差をつける「まとめる力」

**ゴウ まずはWebライターにとってのまとめる力（要約力）がどういう意味かを整理します。まとめるとは「要点を短く説明すること」ですが、Webライターとしては「短くも成果を出すための価値が伝わるように書くこと」と考えてください。ここまでも繰り返しお伝えしたように、Webライターの仕事は文章で伝えて成果を出すことです。単に話を短くまとめさえすればいいのではありません。しっかり読者に話の「価値」まで伝える必要があります。**

**Web ライターにとっての「まとめる力」の意味**

| 一般的な意味 | Web ライターにとっての意味 |
| --- | --- |
| 要点を短く説明する能力 | 価値について短く伝わるように書く能力 |

短くするだけでなく、伝わることが重要

## 3「まとめる力」はSNSで身につける

**ゴウ** まとめる力を身につけるのにおすすめなのが「X（旧 Twitter）などの SNS で、まとめ投稿をすること」です。価値が伝わる良いまとめができると、「いいね！」などのリアクションが返ってきます。一方で、いまいち価値が伝わらないまとめ方だった場合には、反応が渋くなります。最初はうまくまとめられなくても構いません。繰り返し練習するうちに、スピードや質はついてきます。まずは、１日１投稿を目標にチャレンジしましょう。

**浅井** 今のアカウントで練習するのは、ちょっと恥ずかしくて……。

**ゴウ** だったら、練習用に別のアカウントを作成してみましょう。私自身そうしていましたし、今でも新しい分野で情報をメモしながら覚えるときには、新しいアカウントを作っています。

**浅井** なるほど！　では、どうまとめ投稿すればいいでしょうか？

### ❶ その日に学んだことをまとめる

ゴウ　まず１つ目は、「その日に学んだこと」です。自分が体験したことでも、誰かから聞いた話でもなんでも構いません。その日に学んだことと、その価値についてまとめて投稿してみましょう。まとめる力のトレーニングになるだけなく、学びを反復できるため、知識として定着しやすくなります。おまけに、メモとしてあとで振り返ることもできるようになります。

浅井　まさに一石二鳥、……それどころか、一石三鳥ですね。

**学んだことをまとめる例**

> ▼読んだ
> 『AI時代のWebライター1年目の教科書』
>
> ▼学んだ・考えたこと
> ・本を「使う」方法
> →必ずしも本をイチから全部読む必要はない。「必要な知識は何か」を明確にして、本の中でも欲しい知識が得られる部分だけを読めばいいとわかった。

### ❷ 記事や本を要約する

ゴウ　自分がいいなと思った記事や本の内容を要約し、投稿するのもおすすめです。要約は、得た知識をおさらいしてまとめ直すことなので、とても知識に定着しやすくなります。写経とあわせて行うと効率的ですので、ぜひ挑戦してみましょう。

# フィードバックを受ける・見る・する

## 1「直す力」の鍛え方

### ❶ 直す力とはなにか

ゴウ　Web ライターの仕事をするうえで避けては通れないのが、クライアントからの指摘（フィードバック）です。提出した原稿が「一発 OK」になることはそう多くなく、「ここを直してほしい」「この表現は避けてほしい」など、いろいろな指摘を受けて修正をすることになります。こうしたクライアントからの指摘を素直に受け止め、その後のライティングに活かす能力やスタンスのことを「直す力」と呼びます。

**Web ライターにとっての「直す力」の意味**

| 一般的な意味 | Web ライターにとっての意味 |
| --- | --- |
| 指摘された内容を修正する能力 | 自分の文章に固執せず素直に指摘内容を受け止め、吸収し記事に反映する能力 |

素直さが求められるのが大きな違い

浅井　指摘を受けたら、それだけでつらくなりそうです……。

ゴウ　それを我慢し、クライアントから指摘を受けたときに「直す力」を発揮して、指摘を素直に受け止めて次に活かすのか、それとも、重要視せずに受け流すのか。どちらを選ぶのかによって、Web ライター

**としての評価や成長スピードは大きく変わります。**

浅井　怖いですね……。

ゴウ　**文章を書くのが好きな人ほど、文章に自分自身を投影しがちです。仮にクライアントが「期待を込めて指摘をしてくれている」とわかっていたとしても、指摘を素直に受け止められず、目を背けたくなってしまう人も少なくないのではないでしょうか。しかし、そんなつらい気持ちを乗り越えて、クライアントの指摘を自分の糧にできたとき、Web ライターは成長し、顧客との信頼関係をより強固なものへと発展させられるようになります。**

### ❷ 直す力は評価や成長スピードに影響する

ゴウ　**直す力は、Web ライターとしての評価や、成長スピードに大きく影響します。**

**例えば、自分の文章に固執するあまりにクライアントメディアの雰囲気に文体を合わせられず、表現や言葉選びの指摘を受け続けてしまうような場合、やり取りの負荷だけが積み重なっていくことになります。最終的にクライアントは、「意向に沿った記事を書いてくれない」とお手上げ状態になってしまい、仕事は打ち切られることになってしまいます。**

浅井　ほんと、怖いですね。

ゴウ　**組織に属さないフリーランスは、そもそもあまりほかの人から仕事について指摘をもらえる機会が少ないものです。その点、原稿のやり取りにおける修正の指摘は、とても貴重な機会でもあります。最初から100点を取ることはできません。たくさんの指摘から学んでこ**

そ、ライティングの技術は身についていくものです。

浅井　そうはいっても、自分が作った文章に指摘を受けるのはつらいんですが、なにかいい方法はありませんか？

## 2 指摘がつらい場合の考え方

ゴウ　じゃあ、ここでは２つの対策を紹介しますね。

**指摘がつらいときは**

**クライアントの思いに目を向ける**

もっと良くなるよ！
一緒に良い仕事をしよう


**クライアントはあなたに投資している！**

**すべてを真正面で受けない**

**相性の悪い人はいる。長く付き合いたいクライアントか見極めよう**

### 1「クライアントの思い」に目を向ける

ゴウ　まず１つ目が、「クライアントの思い」に目を向けることです。クライアントがどうしてわざわざ手間と時間をかけてまで指摘のコメントを書いてくれるのかというと、それは「あなたと一緒により良い記事、そして、メディアを作り上げたいから」という期待にほかなりません。私の経験では、多くのクライアントは、Web ライター側が思う以上に指摘するときの言葉選びに気を配ってくれています。やる気を損ねないような表現を選んでくれていたり、指摘ばかりにならないよう大事なところだけを伝えてくれていたりなど、考えてコメントしてくださる方がとても多いです。つまり、Web ライターであるあなたに「投資」をしているわけです。指摘がつらいときは、クライアントの思いに目を向けてください。指摘の受け取り方が少しは変わってくるはずです。

### ❷ すべてを真正面で受けることはない

ゴウ　２つ目は、「すべてを真正面で受けることはない」という観点です。説明してきたとおり、クライアントからの指摘は、素直に受け止めるのが基本姿勢です。しかし、すべての指摘を真正面に受けるべきかというと、そうとも限りません。

浅井　全部受け止めろってことかと思っていました。

ゴウ　世の中にはさまざまなメディアがあり、いろいろな人がいます。Web ライターを続けていれば、言いがかりのような指摘と出くわすこともあるでしょう。そんなケースにまで真正面から対応をしていると、メンタルを消耗してしまいます。直す力は、長く付き合いたいと思えるような、妥当な指摘をくれるクライアントにこそ発揮するようにしてください。

## 3 「直す力」の身につけ方

ゴウ　ここでは、直す力の身につけ方を５ステップで紹介します。

**■直す力を身につける５ステップ**

①指摘をもらったことに感謝する

②すべてのコメントに返事をする

③指摘をもとに記事を修正し納品する
④納品完了後、指摘内容をリストにまとめる
⑤次回執筆時にチェックリストを活用する

### ❶ステップ1：指摘をもらったことに感謝する

**ゴウ　先ほどもお伝えしたように、クライアントはWebライターへの期待をこめて指摘してくれています。指摘の内容を確認したら、修正するまえに、まずは感謝の気持ちを伝えましょう。例えば、次のイメージです。**

> 丁寧なご指摘、本当にありがとうございます！　具体例まで添えていただき、とてもわかりやすかったです。今回の修正が終わりしだいご連絡いたします。

浅井　ここまで言うんですね……。

**ゴウ　はい。ここまで言ってくれるWebライターは貴重です。クライアントとしても大切にしたいと思うはずです。**

### ❷ステップ2：すべてのコメントに返事をする

**ゴウ　クライアントとの原稿のやり取りで、文章にコメントをもらった場合には、なるべくすべてのコメントに返事をしましょう。**

浅井　わざわざ１つ１つ返さなくてもと思うんですが……。チェックしてくれるディレクターにも負担にならないかなと。

**ゴウ** **いえ、クライアントとしては、つけたコメントに反応が返ってくるのは嬉しいものです。さらに、実際に指摘を読み飛ばしてミスを繰り返す Web ライターも少なくないため、クライアントとしてはコメントへの反応がないと、伝わったのか不安になってしまいます。そのため、「たしかめ算」的にコメントを返すようにしましょう。**

浅井 わかりました。では、どんな言葉を返せばいいですか？

**ゴウ** **コメントの内容に納得できる場合とそうでない場合に分けて返し方の例を紹介します。**

**1）納得できるコメントへの返信**

**ゴウ** **指摘の内容が腑に落ちた場合の例は、次のとおりです。**

> **■指摘内容が腑に落ちた場合の返し方**
> ・ご指摘ありがとうございます、修正点について承知しました！
> ・考えが至らず申し訳ありません、修正いたします。
> ・ご指摘内容、ごもっともです。再発防止に努めます。

**2）納得できないコメントへの返信**

**ゴウ** **なぜこの指摘を受けたのか、腑に落ちなかった場合は、素直に質問するようにしましょう。クライアントの負荷を減らすためにも、次のようにこちら側の理由や仮説を書き添えて尋ねるようにしてください。**

> **■指摘内容が腑に落ちなかった場合の返し方**
> ご指摘ありがとうございます。〇〇と直すとのことですが、私と

しては、●●の理由でこのように執筆しています。実際に調べてみたところ、△△とすることが多いようです。最終的には〇〇様のご要望に合わせたいと思うのですが、今回のご指摘の背景についてもう少し詳しく伺えますと幸いです。(～～の意図かと想像しております。)

**3)参考:腑に落ちないときは、仮説を立てて質問する**

ゴウ **なぜ、この指摘になったのか、腑に落ちなかった場合は、素直に質問するようにしましょう。理由や仮説が添えられていると、クライアントはYESかNOかで答えやすくなるぶん、コミュニケーションの負荷が下がるため、回答しやすくなります。また、仮説への回答を見ることで、クライアントがどんな点を気にしているのかや、どんな事情を抱えているのかもわかるようになります。結果、クライアントからの評価も上がりやすくなりますし、Webライターとしても成長ができます。**

浅井 正確な仮説を立てるなんて、難しそうなんですが……。

ゴウ **もちろん、仮説は間違っていても大丈夫です。「間違っていたら信頼に響くのでは」と心配になるかもしれませんが、仮説の間違いを怒る人は、ほとんどいません。それよりも、「目線のズレを理解してもらえた」「目線が合った」と、ポジティブに捉えてくれることがほとんどです。真っ当なクライアントであれば、記事をレベルアップさせるためのコミュニケーションを嫌がることはほとんどありませんので、恐れすぎないようにしましょう。**

### ❸ ステップ３：指摘をもとに記事を修正し納品する

ゴウ コメントをもとに記事を修正したら、クライアントへ納品をします。このとき、「指摘のコメントにすべて返事をした原稿ファイル（記事内容はそのまま）」と、「コピーして記事内容をすべて修正＆整理したファイル（コメントはなし）」の２つを一緒に提出するようにしましょう。この２つがあることで、クライアントは、「最新の記事の状態確認」とあわせて「自分がなにを指摘し、それがどう受け取られ、どう修正に活かされたのか」を確認できるようになります。Web ライター側としても、指摘の内容が見返せるメリットがあり、レベルアップに役立ちます。

### ❹ ステップ４：納品完了後、指摘内容をリストにまとめる

ゴウ 納品が済んだら、忘れないうちに指摘内容をリストにまとめておきましょう。こうすることで、再発防止や、自分の理解確認に役立ちます。すべての指摘に対してリスト化するのが大変なときは、特に大事だと感じた点だけでも構いません。具体的なまとめ方は、次のとおりです。

ちなみに、このリストをクライアントに共有すると、非常に喜ばれます。これがそのままクライアントメディアのマニュアル作りなどに役立つからです。このように、「記事を執筆すること以上の動き」ができるWeb ライターはかなり重宝されます。今は Web ライターとしての付き合いだとしても、いずれディレクションや編集などのいわゆる上流工程を任せてもらえるようになるきっかけにもなります。「自分なりに指摘を受けた点に気をつけて執筆しました。特に〇〇の点などです」と書き添えつつ共有してみましょう。

### 指摘内容まとめリストのサンプル

| What | | Why | How |
|---|---|---|---|
| Before | After | 修正理由 | アクション |
| ～ですね。 | ～です。 | メディアの雰囲気と比べて、「ですね」は表現がカジュアルすぎるため | 「ですね」を使うのはいったん避ける。 |
| SNS運用のすべてを代行するサービス | SNS運用を代行するサービス | 「すべて」と言い切れるほどの明確な理由や根拠がない(「それ本当？」と聞かれたら回答できない) | 「それ本当？」という突っ込みに明確な理由や根拠を持って回答できない場合、無理に言い切らない(回答できるなら言い切ってもOK)。 |
| Youtube | YouTube | 正しいサービス名ではないため | 商品名・サービス名などの固有名詞を書くときは、その都度「正しい名称」を調べてコピペする(よく使う固有名詞は辞書登録する)。 |

浅井　上流工程……！　やってみます！

### ❺ステップ5：次回執筆時にチェックリストを活用する

ゴウ　指摘事項をまとめたら、次回の執筆からチェックリストとして活用しましょう。同じ指摘を防げるので、記事のクオリティもやり取りの効率もぐんと上がります。セキュリティに細心の注意を払う前提ですが、AIのチャットボットを用意するのも良いかもしれません。

7章

# Webライターとしてのキャリアの積み方

7章-1

# クライアントに不満をもたせない動き方とは

浅井 ゴウさん！　なんとか案件の獲得ができました！

ゴウ **おめでとうございます！　良かったです。ただ、まだ安心してはいけません。仕事が獲得できたあとは「クライアントに最低限満足してもらうこと」が必要です。クライアントが満足しないと、仕事の契約は、思ったよりもすぐに終わります。**

浅井 え、怖いですね……。

ゴウ **まずは「最低限」を押さえれば大丈夫です。難しいことはありません。ただ、その最低限を知らないと踏み外しがちなので注意しましょう。**

浅井 頑張ります！　具体的に教えてください！

ゴウ **では、そもそも「Web ライターにとってのクライアントの満足度」って、どうやって決まると思いますか？**

浅井 やはり記事の品質ですかね？

ゴウ **そうですね。納品物の品質・成果はなによりも大事です。でも、実はもう１つあります。それは、「コミュニケーション」です。**

| | |
|---|---|
| 品質・成果 | 納品した記事のクオリティや、その記事のおかげで出た成果 |
| コミュニケーション | 普段の連絡時の口調や、スムーズなやり取りができるかなど |

浅井 Web ライターといっても、文章の品質だけじゃなくて、日頃のコミュニケーションのしやすさも見られているんですね。

ゴウ **そのとおりです。そこでここからは、Web ライターに必要な納品物の品質・コミュニケーションの取り方について説明します。ただし、Web ライティングに限らず、いきなり100%のクライアントの満足を得ることはできません。そこでまず意識したいのが、「マイナスをなくすこと」。まずは、「納品物で不満を持たせない」のが先なので、そこから順番に見ていきましょう！**

# 納品の品質に対する マイナス評価をなくす

## 1 スムーズに読める原稿を作ろう

ゴウ　納品物でマイナス評価につながるのは、例えば、記事作成で言うと「スムーズに読めない原稿」納品が該当します。こちらをご覧ください。

**クライアントの不満につながるスムーズに読めない原稿の特徴**

| 状態 | 概要 |
|---|---|
| 意味がわからない | ・文章のロジックがおかしくて納得できない<br>・具体例がなく、イメージがわかない |
| ズレている | ・タイトルと構成の内容が合致しない<br>・見出しと本文が合致しない<br>・対策するSEOキーワードが記事に含まれていない |
| イラつく | ・上から目線で偉そう<br>・攻撃的で不快な気持ちになる |

浅井　強烈な言葉が並んでますね……。

ゴウ　はい。でもこれらは駆け出しのWebライターには多く見られるんです。修正しないまま提出してしまうと、ほぼ間違いなくクライアントに不満を持たれます。

### ❶ ロジックや具体例がない「意味がわからない文章」で納品しない

ゴウ　まず、「意味がわからない」というのは、読んでも内容が頭に入ってこない、納得できないといった状態を指します。例えば、「空が曇っている。雨が降りそうだ。事実、天気予報も雨の予想だ。だから雨具を持っていこう」という文章なら理解や納得はできますよね。でも「雨具を持っていこう」という文章だけがあったらどうでしょう？

浅井　なんの話かよくわからないですね。

ゴウ　そのとおりです。なぜ、なんのために雨具を持っていくのか、文章のロジックや具体例がないと読者は内容を理解できないんです。読者の納得を引き出すためには、こうしたロジックや具体例の不足がないように原稿を執筆する必要があります。今説明した、「空が曇っている（状況）」「雨が降りそう（意見）」「天気予報は雨（根拠）」「だから雨具を持っていこう（具体策）」といったロジックがそろっているか、文章を書いたあとに推敲をしましょう。

### ❷ お題と中身が「ズレている」状態で納品しない

ゴウ　次の「ズレている」とはお題と中身が合致していない状態のことです。例えば、クライアントから「バツイチ　婚活」のキーワードでSEO記事を書いてくれと言われたのに、「バツイチの話」や「婚活」の話が一切出てこないといったケースもよく見かけます。

浅井　え、そんなことあるんですか？　さすがに未経験の僕でも、テーマのズレくらいは気がつきそうですが……。

ゴウ　それが意外と多いんです。タイトルや見出しと本文の内容が合致していない、「４つのコツ」の見出しなのに３つしかコツが書かれていないといった数字のズレはよく見かけます。いずれにせよ、ケアレスミス・推敲不足が原因なので、提出前に音読するなどして整合性を取るようにしてください。

### ❸ 読んでいて「イラつく」文章にしない

ゴウ　最後に、「イラつく」文章ですね。とにかく読んでいて不快にするような文章は書かないでください。

浅井　例えば、どういった文章がダメなんでしょうか？

**読んでいて「イラつく」文章**

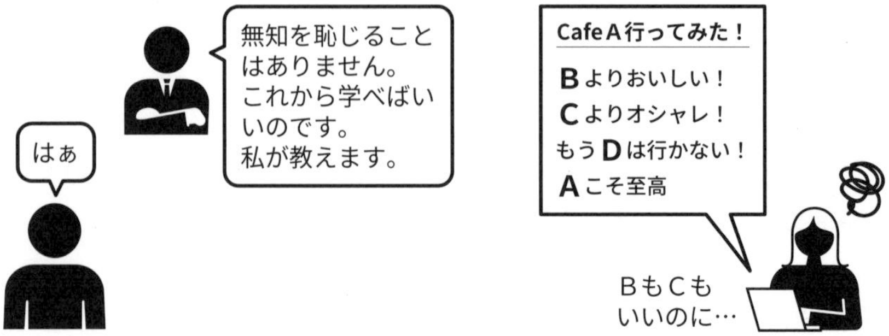


上から目線の偉そうな文章　　不快になる文章

ゴウ　まず挙げられるのが、「上から目線で押しつけがましく偉そうな文章」です。具体的には、「皆さんは知らないと思いますが、今の Web ライターは全員ダメです」と堂々と書いてしまうケースですね。特に、「Web ライターは……」「日本人は……」など主語が大きくて押しつけがましいと炎上のリスクも高いので、丁寧に対象を絞ってください。

浅井 なるほど……。では、攻撃的で不快な気持ちになる文章とはなんでしょうか？

ゴウ **例えば、おすすめのカフェを褒めたいがために、ほかのカフェを否定するような文章ですね。**

浅井 たしかに、これはつい書いてしまいそうです。

ゴウ **なにかと比べるのは読者としてもわかりやすく、Web ライターとしても書きやすいのですが、踏み台のように批判される側はたまったものではありません。読者の中には踏み台にされる側のサービスが好きな人もいるはずですし、クライアントとしてもほかのサービスを攻撃するような記事を望んで書きたがることはほぼありません。最悪、訴訟のリスクもあります。なにかを褒めるために、なにかを悪く言う必要はまったくないということは知っておいてください。**

## ② 品質に不満を持たせないよう立ち回ろう

ゴウ **続いて、納品物の品質に不満を持たせないための Web ライターの立ち回り方です。これも記事作成を例に説明しますね。**

**記事の品質に不満を持たせないための立ち回り方**

| 立ち回り方 | 概要 |
|---|---|
| 期待値をコントロールする | ・そもそもの期待値を上げすぎないようにする<br>・できること・できないことを明確にしておく |
| 必要な品質水準をすり合わせる | ・クライアントの要求レベルを先に把握しておく<br>・どんな品質のものが必要かすり合わせておく |
| 納期やルールを守る | ・クライアントに指定された納期やルールは必ず守る |
| 能動的に働く | ・気になったことや、おかしいと思ったことは自分から質問し、解決する<br>・受け身に徹しすぎない |

### ❶ 期待値をコントロールする

浅井　最初の「期待値コントロール」は、２章での観点ですよね！　そもそも、がっかりされる原因は「期待値のズレ」っていう。

ゴウ　**そうです！　クライアントに過剰な期待をさせすぎないように、先に自分にできること・できないことを明確にクライアントに理解してもらってから、案件に取りかかりましょう。**

### ❷ 必要な品質水準をすり合わせる

ゴウ　**次に、必要な品質の水準をすり合わせることです。これは要するに、「クライアントがどのレベルのものを求めているか」を理解することです。期待値コントロールでは「自分の見せ方」の調整をしましたが、こちらは、「クライアント側の要求」の把握することだと思ってください。クライアントの指示内容を復唱して「認識は合っていますか？」と確認しておくと間違いないですよ。**

### ❸ 納期やルールを守る

ゴウ ここは大前提ですね。クライアントに依頼された納期や、文体、単語の使い方といった、いわゆる「レギュレーション」は絶対に守りましょう。「私はこっちが好みなので」といった独自の解釈で勝手にクライアントのルールを曲げないでください。

# コミュニケーションに対するマイナス評価をなくす

浅井　納品物の品質だけでも数の結構なチェック項目がありました。これに加えてコミュニケーションの品質も必要なのですよね？

ゴウ　**はい。コミュニケーションも大事です。品質と同じように、まずはマイナスがない状態を目指します。ちょっと厳しいことを言いますが、Web ライターはほかにもいくらでも候補がいます。そんな中で、わざわざコミュニケーションの取りにくい Web ライターと付き合ってくれるかというと、残念ながらそんなことはありません。**

**では、具体的にどうしたらいいのか、詳しく見ていきましょう。**

| | |
|---|---|
| レベル1 | やり取りしづらくない（マイナスがない）ようにする |
| レベル2 | やり取りしやすい相手になる |
| レベル3 | さらにやり取りしやすい相手になる |

## 1 レベル1：やり取りしづらくない（マイナスがない）ようにする

ゴウ　**まずは、やり取りがしづらくないこと、つまり、コミュニケーション上のマイナスがないようにすることです。例えば、次のような人と一緒にお仕事をするとしたらどう感じますか？**

**やり取りしづらい人のコミュニケーションの例**

| 言動 | 詳細 |
|---|---|
| 怖い・高圧的・冷たい | ・いつも不機嫌で怒っているように見える<br>・理屈っぽく、ロボットのようで人間味がない |
| 反応が遅い | ・話しかけても返事がなかなか戻ってこない<br>・反応も最低限で、話が発展しづらい |

浅井　気疲れしそうです。

ゴウ　**はい。そうなると、やっぱりほかの人に仕事依頼したほうがいいなと思われてしまうわけです。このほかにも、「平気で嘘をつく」とか「すべて人のせいにする」といった言動もアウトです。**

浅井　わかりました。ただ、このあたりって自分では自覚がしづらいと思うんです。どのように確認をしたら良いのでしょうか？

### ❶人あたりをソフトにする

ゴウ　**まず、「怖い」「高圧的」「冷たい」から見ていきましょう。このタイプの人は、知らず知らずプレッシャーを放っていて、相手を萎縮させてしまうことが多いです。**

**■怖い・高圧的・冷たいと思われるコミュニケーションの典型例**

・言葉選びがきつく、語気が強い

・「前にも言いましたが」「見ればわかると思うんですが」のような相手の落ち度を前提とする枕詞を多用する

**ゴウ** **自分で相手にプレッシャーをかけていないかに気づくのは困難なので、早めにクライアントに「言動に怖さや冷たさがありませんか？　きちんとしようと思った結果、冷たさが出ていないかと気にしておりまして」のように確認してください。**

浅井 自分に非があるかもしれないから教えてくれということですね。これだったら仮に怖いと思われていたとしても、「あ、〇〇さんが怖かったのはこういう理由からか」と納得のうえ、教えてくれそうです。

**ゴウ** **もし指摘を受けたら、自分の言動をソフトな形に見直しましょう。「これ、冷たくないかな？」と考えるだけでもだいぶ変わるはずです。また、周りの「柔らかいコミュニケーションの人」の連絡内容をメモするのもおすすめですし、AIに「この文章をもっと柔らかくて親しみやすい表現にしてもらえますか？」と依頼するのもいいですね。なお、仮にクライアント側が間違っており、自分のほうが絶対に正しいと思う状況でも、語気を強めたり、理屈で相手を詰めたりしてはいけません。間違うのはお互い様です。責め立てても関係がギスギスするだけです。ただし、理不尽なことをされた場合は別です。あくまで、常識的な仕事のコミュニケーションにおいての話です。**

### ❷ 反応を早くする

**ゴウ** **次が、「反応が遅い」ですね。クライアントから「状況はどうですか？」といった催促をされたら黄色信号だと思ってください。**

浅井 なるほど。反応を待ってるよ、ってことですもんね。これもやはりクライアントに聞くのがいいんでしょうか？

**ゴウ** **そうですね。聞くのも有効です。反応速度は十分か、もっと早いほうが良いかなどは、早めにすり合わせておきましょう。ただ、**

**それよりも大事なのが「こちらから状況を発信すること」ですね。仕事が始まったばかりで付き合いも浅いうちは、こまめに仕事の進捗状況を報告するのが理想です。具体的には、「現在、このような状況です。○日にはここまで進めた状態で報告ができる見通しです。また○日頃にご連絡しますのでお待ちください」と、先回りして伝えましょう。**

浅井　たしかに、そういった連絡があるとクライアントも安心できそうですね。

ゴウ　**進捗報告を都度入れるのは大変ですが、やり取りを重ねて信頼関係が醸成されてくれば、細かな報告は必要なくなってきます。最初は負担ですが、確実に信頼を得たいクライアントに対しては、先回りした連絡がおすすめです。**

## 2 レベル2：やり取りしやすい相手になる

ゴウ　**次のレベルが、「やり取りしやすい相手になること」です。Webライターとして稼ぐなら、せめてこのレベルまではできていてほしいですね。**

**やり取りしやすい人のコミュニケーションの例**

| 言動 | 詳細 |
|---|---|
| 感謝できる | クライアントに優しくされたり、お得にしてもらったりしたら、「ありがとう」と感謝を伝える |
| 謝罪できる | ミスをしたら、まず「ごめんなさい」と謝罪ができる |
| 素直である | クライアントのフィードバックを素直に受け止め、吸収できる |
| 熱意がある | 真面目に熱心に仕事に取り組む |

### ❶「ありがとう」「ごめんなさい」と言える

ゴウ　まず大事なのが、「感謝」と「謝罪」ができることです。そんなこと当たり前だと思うかもしれませんが、これができない人がびっくりするほど多いんです。

**意外と言えない「ありがとう」と「ごめんなさい」**

良くしてもらったら感謝　　迷惑をかけたら謝罪

忘れがちなので徹底しよう

浅井 どういうことでしょうか？

ゴウ **クライアントに良くしてもらえたら、「ありがとうございます」と誠心誠意、感謝をお伝えできること。そして、クライアントに迷惑をかけたら、「申し訳ありません」と素直に謝れることです。特に難しいことではないはずなのですが、意外とできていないWebライターが本当に多いのです。**

浅井 そうなんですね。でも僕も思い返してみると、お礼やお詫びを飛ばしてしまったことがあったかもしれません。

ゴウ **特によくあるのが、クライアントから「納期を延長してもらった」など、なにか融通してもらったことに対して「ありがとう」すら言えていないパターンですね。ツール利用代を出してもらったり、書籍の購入費を出してもらったりなどのときも多いです。**

浅井 業務に使うツールとか本とかなら、お金を出してもらうのは当たり前だと思うんですが……。

ゴウ **たしかに、そうともいえます。が、「ありがとう」と言うだけですよ。なにかを失うわけではありません。たった一言、お礼を伝えるだけでスムーズにコミュニケーションが進むなら言わない理由はありません。必ずできるようにしてください。**

浅井 重い言葉ですね……。

**ゴウ** また、指摘に対して「次回以降気をつけます！」とだけ返信して「お詫びを省略」してしまうパターンもあります。事の大小は問わず、クライアントに迷惑をかけたなら、まず謝りましょう。

### ❷ 素直に受け止められる

**ゴウ** 次が、素直にクライアントのフィードバックを受け止めることですね。感謝や謝罪の話と近いのですが、クライアントからのフィードバックに対して反論してしまうWebライターが結構いるんです。

浅井 もう少し詳しく教えてください。

**ゴウ** 例えば、「理由の説明が抜けていたので加筆しておきました」という妥当な内容のフィードバックがあったとします。本来であれば、お詫びやお礼とあわせ、今後に活かす旨を伝えるべきところですが、悔しさなどから、「そう書くか私も迷っていました」のような素直ではない返事を返してしまうんですね。

浅井 なるほど……。でも、つい反論してしまうんですよね。

**ゴウ** はい。気持ちはわかるんですが、そこで自分のプライドを立ててもなんの得もありません。クライアントはあなたの保護者ではありません。よほどおかしな指摘でもない限りは、素直に受け止め、真摯に返信しましょう。

### ❸ 熱意がある

**ゴウ** もう1つ、コミュニケーションにおいて大事なのが「熱意」です。はっきり言いますが、編集者やディレクターたちは、Webライターがどれだけの熱意を持って仕事しているかをほぼ見破れます。

浅井 そうなんですか？

ゴウ はい。Web ライター側が想像するよりも、ずっと敏感に感じ取っていると思ってください。熱意はコミュニケーションもですし、納品物の品質にも大きく影響します。以前はできていたことができなくなっていたり、過去にフィードバックしたことを繰り返し間違えたりなど、片手間感があって、やる気があるのか疑わしい Web ライターには、継続的に仕事を依頼したくはなりません。やり取りはもちろん、記事の執筆においても、熱意は常に込めるようにしておきましょう。

## 3 レベル３：さらにやり取りしやすい相手になる

ゴウ 最後に、クライアントに満足してもらうために、「さらにやり取りしやすい人になる」コミュニケーション方法をお伝えします。次のようなコミュニケーションができると「この人は本当にやり取りがしやすいし、これからも引き続きお願いしたい！」と思ってもらえるようになります。

### さらにやり取りしやすい人のコミュニケーションの例

| 言動 | 詳細 |
|---|---|
| ビジネス貢献を目標としている | 目標思考を持ち、クライアントのビジネスに貢献する提案ができる |
| 行動に意図がある | 自分なりの仮説や意見を持っている |
| 話が端的である | やり取りが端的で無駄がない |

浅井　なんだか難しそうですね。本当にデキるビジネスパーソンという印象です。

**ゴウ　おっしゃるとおりで、要するに、「ただの下請け作業者ではなく、クライアントのビジネスの成長に貢献するメンバー」として活躍してくれる人材の動き方ですね。Web ライターとしては、クライアントの目的をヒアリングして、クライアントがなにを目標にメディアを運用しているのかを理解すること。そして、その目標に対して自分になにができるかを考え、意図を持って行動すること。さらには、提案や相談、やり取りに無駄がなく、話が端的でわかりやすいこと。ここまでできたら完璧ですね。**

**なかなかこのレベルまで到達するのは難しいので、駆け出しの今は「そうなんだ」程度の理解でも構いません。ただ、本当に稼いでいるWeb ライターは、このコミュニケーション水準でクライアントとやり取りしているということは、覚えておいてくださいね。いずれ成長して単価が上がっていくと、最終的にはこのレベルの人たちとも案件獲得で競い合うことになっていきます。**

# 7章-4 安定して案件の獲得ができてきたら「単価交渉」しよう

**ゴウ** **無事にWebライターとしてクライアントの満足が得られるようになったら、次は、後々の単価交渉を見越しての立ち回り方を考えます。**

**浅井** 単価交渉ということは、つまり値上げですよね？

**ゴウ** **そのとおりです。まず、単価交渉をするためには、クライアントに言われたことをするだけでは不十分です。**

**浅井** 具体的にはどのようにしたらいいのでしょうか？

**ゴウ** **いろいろな方法がある中でご紹介したいのは、「仕事の巻き取り」です。**

## 1 仕事の巻き取り方

**ゴウ** **Webライターに限らず、仕事は言われたことだけに対応していても報酬は上がりません。大切なのは、「クライアントの仕事をどんどん巻き取っていき、クライアントを楽にしよう」とする姿勢です。しかし、仕事の巻き取り方と言われても困りますよね？**

**浅井** そうですね、まだピンときていません。

**ゴウ** そこで覚えてほしいのが「隣接領域」、つまり、今すでに仕事として取り組んでいる部分の近いところから巻き取っていくことです。例えば、普段は記事の執筆だけをしており、テーマの選定はクライアントが対応している場合には、テーマ選定を巻き取るといった感じです。今の仕事に近い、つまり隣接しているため、仕事の巻き取りのアイデアも思いつきやすく、しかも、クライアントからも任せてもらいやすいからです。

浅井 わかりそうでわからないので、ほかの例ももらえますか？

**ゴウ** 例えば、SEO 記事執筆からほかの仕事を巻き取ることを例に、「SEO 記事の領域内で増やしていく方法」と「SEO 記事の領域外に広げていく方法」の２種類で説明します。

### ❶ SEO記事の領域内で増やしていく方法

**ゴウ** 例えば、先ほどお話したように、記事の執筆だけをしているところから「文章の構成・骨組みの作成」を巻き取る。あるいは、「記事に挿入する画像選定」を巻き取るというのが考えられます。このように、記事の執筆だけでなく、その周辺の業務を巻き取っていくのが最初の一歩です。

### ❷ SEO記事の領域外に広げていく方法

**ゴウ** 次は、ちょっと難易度の高い「領域外」に広げていく方法です。クライアントが持つ「商品の売上を伸ばしたい」という目的を叶えるために、SEO 記事以外の仕事をお手伝いするイメージです。

浅井 もう少し具体的に教えてください。

ゴウ 「実際にクライアントの商品を購入したお客様に取材をして、お客様の声を記事にする」「SEO 記事の内容をもとに、SNS 発信内容を作成する」などです。こうした領域外の仕事の巻き取りを行うことで、自分自身の「できること」を拡大していきます。

浅井 SNS 運用ですか！　想像する SEO 記事ライターの仕事よりも領域がずいぶんと広い印象です。

ゴウ そうですね、なので、難易度が高いです。でもその分、報酬も上がりやすくなりますよ。ちなみに、この仕事の巻き取り方は、クライアントにとっても新しい人に取材や SNS の仕事を頼むよりも手間がかからないという利点があります。新しい人を登用する場合、商品やサービスの知識や全体的な発信のルールを一から伝える必要があります。説明の手間が省けるぶん、楽で安心です。

浅井 取材や SNS 運用は未経験ですが、大丈夫でしょうか？

ゴウ 「最初の１記事だけ特別に格安でお受けします」「まずはテストとして無償で」といった形でお伝えしましょう。期待値をコントロールしつつ、クライアントに金銭的なメリットがあることを伝えて交渉すれば、トラブルにも発展しづらいです。

## 2 単価交渉をする際の注意点

ゴウ ここからは、実際に単価交渉をする際の注意点をお伝えします。タイミングやどこまで請求するかは、「領域内」と「領域外」の仕事の巻き取り方によってそれぞれ違います。

「SEO 記事の領域内」の仕事を巻き取る際には、最初の１～２回目は無償で対応、３回目以降は安めの報酬を提案し、じわじわ引き上げていくのがおすすめです。

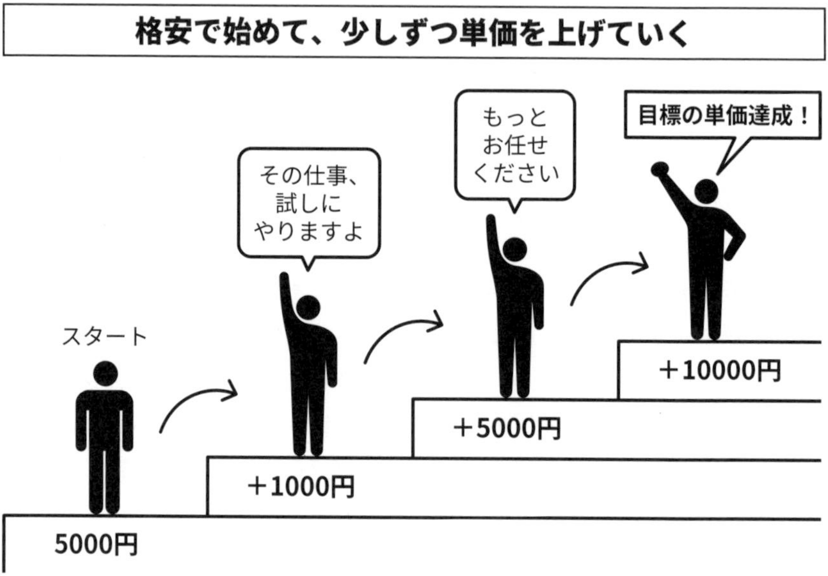


浅井　最初は無償や格安なんですね。

**ゴウ　クライアントからすれば、これまでお願いしていなかった仕事を任せるのは、少しハードルが高いです。どんなクオリティの納品物が出てくるかが未知数だからですね。**

**つまり、クライアントとしては、一種の賭けだといえます。でも、安く済むのであればメリットが十分にありますよね。なので、Web ライターに仕事を巻き取らせてくれやすいというわけです。**

浅井　ただ、Web ライターの立場からすると、割に合わない仕事ではあるので、苦しくなってしまいそうです。

ゴウ　**おっしゃるとおりです。なので、数をこなして品質の確認ができてきたら、少しずつ単価を上げてもらえるよう交渉しましょう。ただし、このとき注意したいのが、突然「今回済ませたぶんから○○円にさせてください」と一方的に言ってしまうことですね。これはNGです。事後に一方的に値上げを言い渡すのは、クライアントに悪印象を与えかねません。**

浅井　ではどうすればいいのでしょうか？

ゴウ　**着手するまえに、単価交渉の予告をしておけばいいのです。具体的には、「今回もご依頼いただきありがとうございます！　もし、今回作成した構成も良さそうであれば、次回からは構成作成も含めて執筆料○○円でお願いすることは可能でしょうか？　ご検討いただけますと幸いです！」といった感じですね。こうすれば、3回目の構成作成時に単価交渉の話をされても、クライアントとしては、違和感はありません。**

浅井　なるほどー。予告は大事ですね。

# Webライターの縦・横・奥のキャリア設計

浅井 ようやく仕事の数も増え、案件の単価も上がってきました！　ただ、これからどのようにWebライターとしてキャリアを設計していったらいいでしょうか？

ゴウ **以下の図のように「縦・横・奥」を意識して設計するのがおすすめです。現在地を起点に、縦・横・奥へ合計３本の線が出ていますよね。**

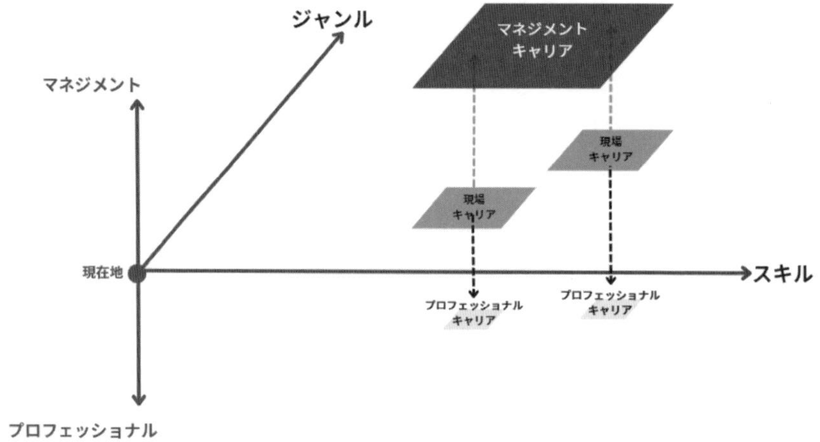


ゴウ **これらはそれぞれ以下の意味です。**

| | |
|---|---|
| 縦の線 | ポジション：マネジメントか、現場のプロか |
| 横の線 | スキルの幅：どれだけ幅広い技術を持っているか |
| 奥の線 | ジャンル幅：なんのジャンルで仕事をするのか |

**ゴウ** **そして階層や場所ごとにキャリアがあると。**

浅井 待ってください、どういうこと……？

**ゴウ** **ですよね。概念だけではわかりづらいと思うので、具体的な図も用意してみました。こちらに沿ってそれぞれの要素を説明しますね。**

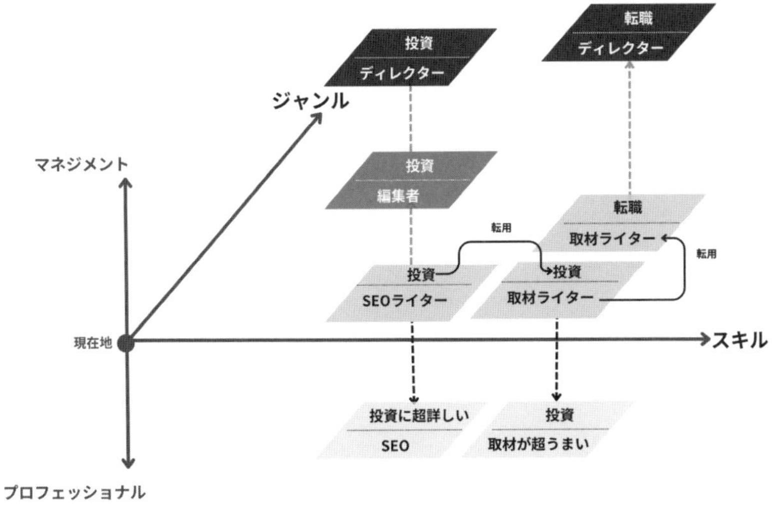

ゴウ **まず、縦はキャリアにおけるポジションを表しています。管理側を目指すのか、現場を極めるプロを目指すのかという意味です。この図でいくと、投資ジャンルのSEOライターから、投資メディアの編集者を目指すのか、誰よりも投資に詳しいSEOライターになるのかを決めるイメージです。**

浅井 文章を書くことが好きなのか、全体を見るのが好きなのかで変わりそうですね。横はどうですか？

ゴウ **横はスキルの幅です。スキルには、取材やSNS運用などいろいろなものがあります。そこから必要なスキルを身につけて、仕事を広げていくのが横のキャリアです。**

浅井 投資ジャンルの「SEO」ライターが、投資の知識を活かして投資ジャンルの「取材」ライターを目指すイメージですね。

ゴウ **おお。調子いいですね。わかってるじゃないですか。最後に、奥はジャンルを表します。自分のスキルをそのまま活かして、ほかのジャンルのライターになることです。**

浅井 「投資」メディアで取材記事を書いていた人が、その取材力を活かして、別ジャンルの「転職」メディアの取材記事まで手を広げるイメージですね。

ゴウ **完璧です！　こんなにレベルアップするなんて……。**

浅井 ふふ。では、具体的にどうキャリア設計をすればいいですか？

## 0 キャリア設計、いる？

ゴウ 「7-5 Web ライターの縦・横・奥のキャリア設計」なんて節を用意しながら非常に恐縮ですが、AI やマーケティングの流行など、こんなにもすべてがコロコロと変わる時代において、自分自身はやってみないとどんな仕事が好きかわからないのに、「緻密なキャリア設計」なんて不可能だと思います。

浅井 え？　いやいや、不安ですよ !!

ゴウ 不安はわかるのですが、見せかけのキャリア設計で安心するほうが危険です。もちろん、キャリアを考えるのが無駄だと言いたいわけではないのですが、少なくともキャリア設計に時間をかけすぎないようにしてください。そこに何日もかけている間に、いろいろと仕事を経験したほうが将来が広がりますし、レベルアップもします。真の安定に近づくのは、仕事をたくさんすることなんです。

浅井 じゃあ、やれることはないんですか？

ゴウ そんなことはないです！　少なくともキャリアの選択肢を知ることにはすごく意味があります。いろいろな仕事があるんだと知ることで、今の仕事がつらくても耐えやすかったり、逆に、選択肢があるからこそ撤退しやすかったりするからです。個人で戦い続ける。そのためには「命を大事に」が大切です。だからこそ、ここまで、「縦・横・奥のキャリア設計」なるものを紹介してきました。

浅井 「SEOしか知らないから、SEOがつらいのでWebライターそのものをやめてしまう」みたいなことを防げるわけですね。

ゴウ **まさにそうです。そして、もう1つ「棚卸し」も大事です。では、ここから解説しましょうか。**

## 1 まずは現状の把握をしよう

ゴウ **棚卸しとは、つまり「現状の把握」です。今の自分の得意・不得意や好き嫌いがわかれば、その次はどこを目指すかのヒントになるので、いま請けている仕事ごとに考えてみてください。考える軸は「縦・横・奥」+「人」「条件」です。**

| 仕事 | | A社の投資系SEO記事の執筆 |
|---|---|---|
| 縦 | ポジション | ライター |
| 横 | スキル | SEO |
| 奥 | ジャンル | 投資 |
| 人 | クライアント | 優しい&フィードバックも的確 |
| 条件 | 報酬・納期など | 記事単価○円・納期は柔軟 |
| メモ・感想 | | 記事の報酬は少し安めではあるが、ジャンル面でもスキル面でも満足しているので続けたい。 |

ゴウ **この表の内容を仕事ごとに埋めていってください。いくつか作っていくと共通点なども見えてくるはずです。**

浅井 これでは未経験では作れませんね……。

ゴウ **そうです。言い換えると、「まだ仕事を全然していない段階ではキャリアを考えにくい」ということです。だって、Web ライティングにおいて、どんな仕事を抱えているか、自分がどういった仕事をしているときが楽しいのか、あるいはつらいのか。どういった仕事はスピーディにこなせて、どういった仕事は時間がかかるのかなど、具体的な好き嫌いや得意・不得意がわからないのに、どうやって考えるんですか？**

浅井 最初にこそ将来を一生懸命考えたくなりますが、「やってみたら違った」があるわけですもんね。

ゴウ **はい。さらには、現状の仕事や検討結果だけで今後のキャリアが決まるわけではないので安心してください。「いったん今の情報をもとにすると、こんな方向が良さそうだ」で OK です。いろいろと経験するほど、いろいろなジャンルや仕事の種類の得意・不得意が見えてきますし、嫌だった仕事も「実はお客さんがキツかっただけ」ということもよくあります。そこで何度も軌道修正していいんです。なので、考え過ぎても仕方ないんです。**

## 2 奥軸のキャリアを考えよう

浅井 現状の棚卸しができたあとは、どう考えればいいですか？

ゴウ **とりあえず気になることをやればいいんですよ……と言いたいところですが、あえて言うなら、スキルよりも知識のほうが増やしやすいため、初めは奥の「ジャンル」から考えるのがおすすめです。先**

程の例だと、現状「投資の SEO ライター」をしているところから、ほかのジャンルを開拓していくことになります。例えば、以下の図のようなイメージですね。

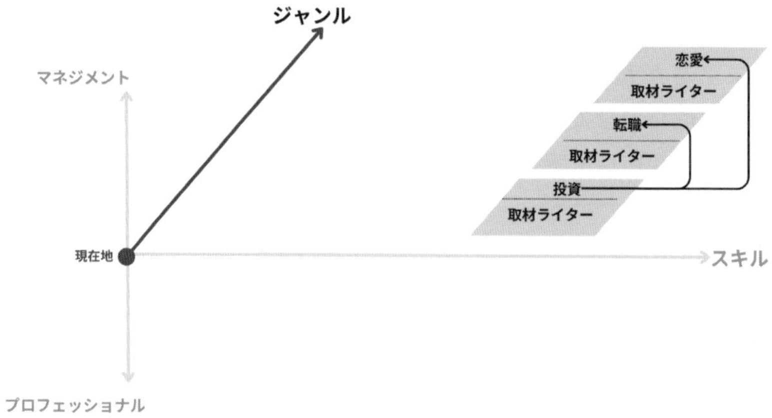


**ゴウ** 世の中には無数にジャンルがありますよね。その中で自分がどういったジャンルの仕事ができると嬉しいのか、棚卸しで整理した現状や自分の気持ちと照らし合わせながら考えてみてください。

浅井 特に好きなものがない場合は、どうしたらいいですか？

**ゴウ** しつこいようですが、いったんいろいろな案件に挑戦してみるのがおすすめです。実際に関わっていくと、もともと興味はなかったはずなのに意外と面白かった、もしくは、つらくはなかったという案件と出会えるはずです。結局、やってみないと好きも嫌いもわかりません。

## ③ 横軸のキャリアを考えよう

ゴウ　**次に考えるのが横軸、つまり、スキルのキャリアです。これまでもお話ししてきましたが、一口にWebライターと言っても、身につけるスキルによっては、SEO記事の執筆以外にも、以下の図のように、取材やSNS運用などいろいろな仕事に携われるんです。**

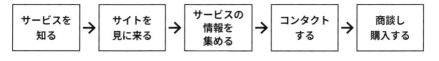

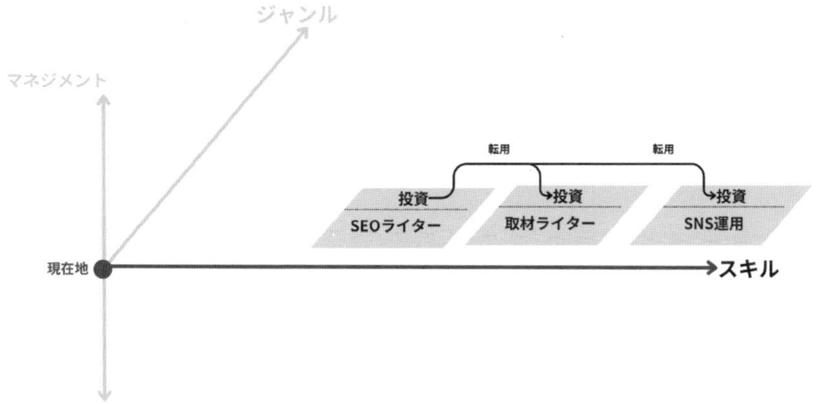


浅井　でも、どんなスキルを身につけたらいいんでしょうか？

ゴウ　**そんなときは、クライアントのサービスを利用するお客さん（エンドユーザー）の動きと照らし合わせて考えてみるのがおすすめです。例えば、法人向けに会計システムを販売しているクライアントの場合、エンドユーザーは主に以下のようなプロセスで検討を進めます。**

サービスを知る → サイトを見に来る → サービスの情報を集める → コンタクトする → 商談し購入する

**ゴウ　このお客さんの動きに対して、どんなコンテンツが必要かを整理してみると、例えば、以下のような感じです。**

| サービスを知る → | サイトを見に来る → | サービスの情報を集める → | コンタクトする → | 商談し購入する |
|---|---|---|---|---|
| 検索 | LP | ダウンロード資料 | 電話 | 商談資料 |
| 広告 | 事例ページ | メルマガ | メール | |
| | SEO記事 | 展示会 | LINE | |
| | | ウェビナー | | |

浅井　SEO 記事以外にも、いろんなコンテンツがありますね！

**ゴウ　また、文章に縛られずに「調査・企画をし、コンテンツを作る人」という自己認識でスキルを身につけていくと、仕事の幅が大きく広がります。**

**■仕事の幅を広げる例**

- デザインを学び、営業資料、ダウンロード資料、記事の図解などを作成
- 動画、画像作成の技術を学び、ウェビナーや広告の仕事を獲得（記事に使える図解なども Good）
- SNS 運用スキルを学び、顧客の SNS 運用を代行
- セールスの知識を学び、LINE などで顧客にセールス

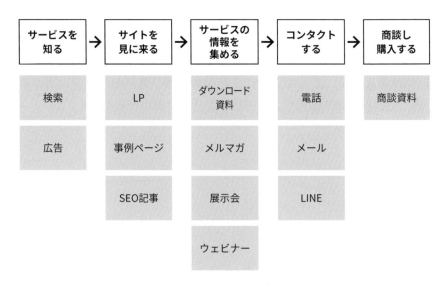

ゴウ　このように、スキルを幅広く身につけていくことで、「投資のSEO ライター」からさまざまなキャリアの広げ方が可能になります。スキルの幅が広ければ、クライアントも発注しやすいですし、ライバルの数も減ります。自分の好きや得意を活かせるうえに、なにより稼げます。スキルの幅を増やすのはメリットばかりなので、おすすめです。

## 4 縦軸のキャリアを考えよう

ゴウ　最後に考えるのが縦軸のキャリア、つまり、ポジションですね。誰よりも詳しい現場のプロフェッショナルになるのか、それともメディアの運用など上流工程のマネジメントポジションを目指すのかです。例えば、以下の図のようなイメージです。

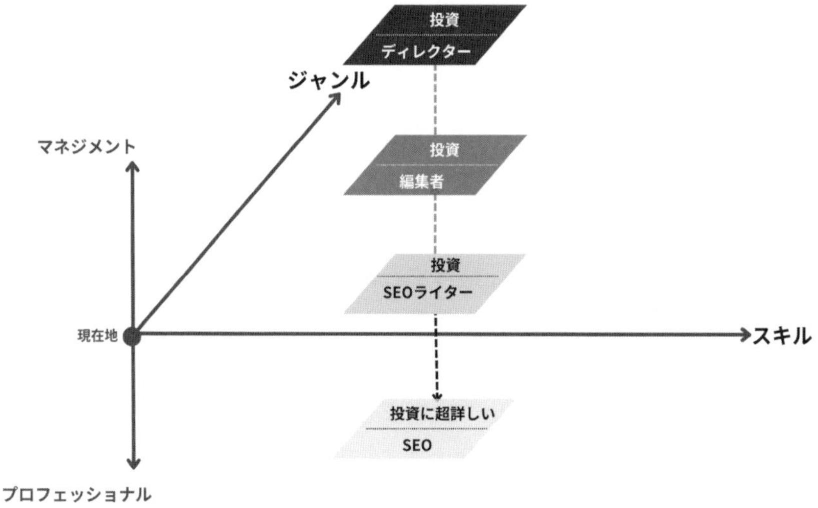


〈プロフェッショナルの道〉
・SEO スキルを極めて「SEO のプロ」になる
・投資ジャンルについて、とにかく詳しくなる

**〈マネジメントの道〉**

- 特定ジャンルでスキルと知識を身につけ、編集者を目指す
- メディア全体の運用や分析、組織化まで行うディレクターを目指す

## 5 自分だけのキャリアを描いてみよう

浅井　縦と横、さらには奥行きもあって、本当に選択肢が多い！

ゴウ　**そうですよね。自分のキャリアを判断するためには、仕事への向き合い方や、好き嫌い、得意・不得意など、いろいろな要素を考慮する必要があります。一朝一夕で決められるものではありません。**

浅井　具体的にどうしたらいいのでしょうか？

ゴウ　**結論は、やはり「経験しながら考える」ことです。どうしてもここに落ち着きますね。駆け出しの頃は、目の前の仕事で精一杯のはず。それに、自分のスキルや得意ジャンルも見えていない場合がほとんどです。なので、まずは目の前の仕事から全力で取り組んで、だんだんと自分なりの正解に近づいていきましょう。いったん動いて大丈夫です。あとから変えられますから。**

浅井　たしかにそうですよね。

ゴウ　**はい。なので、やはり多くの方はスキル的に始めやすい「SEOライター」として「自分に合うジャンル」を見つけるところから**

スタートすることになると思います。その後、だんだんと実績を積んでいろいろな仕事が取れるようになってきたら、そこでようやくキャリアを具体的に考えられるようになるはずです。自分が書いていて苦じゃない、嫌いじゃないジャンルが見つかったり、やっていて楽しい仕事や、それに必要なスキルが見えてきたり。

浅井 なるほど。

ゴウ ただ、現実はそう思うようにはいかないものです。なかなか楽しい仕事は見つかりません。なので、悩んだときは、まずは「苦じゃないジャンル」を見つけるのがおすすめです。正解を見つけるのは難しいですが、ハズレだったらそれを引くたびに次は回避するようにすればいいだけなので。

苦じゃないジャンルである程度書きつつ、残りのリソースでいろいろなジャンルを執筆して好きなジャンルを探してみてください。多少時間はかかりますが、少しずつ理想のキャリアに向けて前進していけるはずです。

浅井 わかりました。まずは苦じゃないジャンルから探していくことにします！

## 6 まとめ

ゴウ ここまでさまざまなお話をしてきました。ただ、「思い返すと、AIの話が少ない」とは思いませんでしたか？　その理由は、AIはあくまで道具であり、基本的にはなにかの作業の効率を上げるものだからです。そのため、この本では、まずはAIに関係なくいろいろ試してみたうえで自分自身がどう思うか、どう動くべきかをお伝えしてきました。

AI時代だとはいえ、根本的に仕事として取り組むべき考え方や基本動作に変わりはありません。そして、文字や言葉でAIに指示を出すには、「わかりやすい情報で伝える」ことが必要です。さらには、「クライアントが出したい方向性、強み、具体的な事例、サービスのターゲット」などがAIにインプットできていない中で、AIにゼロから考えてもらうと、どうしても「クライアントが欲しいもの」から外れてしまいます。AIにもどうしようもありません。では、「クライアントが出したい方向性、強み、具体的な事例、サービスのターゲット」などを集めるのは誰か。

ここでリサーチ・取材をするWebライターの出番です。

では、視点を変えて、AIが出力してきたものを「クライアントの成果が出るように・読者が満足するように編集する」という作業は誰がしますか？　ここで求められる論理性や情報の取捨選択などは、まさにWebライターの得意分野です。

まだ続きます。AIの進化により文章だけでなく、動画や画像も簡単に出力できるようになってきました。これらをわかりやすく編集する力は、まさにWebライターによって培えるものですね。つまり、AIが進化することで、「Webライターの仕事」が動画などにまで進出していくわけです。実は、「情報を丁寧に扱える人材」としてのWebライターは、ものすごく将来性もあります。

ただ、そのためにも、まずは「いろいろ試しながら、自分の好き・嫌いじゃない・得意な分野を探す」という行動が必須です。

この本のとおりに進めてもらえれば、必ずなにか道は開けます。あまりにも早いAIの技術トレンドについては、メールマガジンでもお伝えしていきますので、これからも一緒にこのAI時代を生き抜いていきましょう！

# AI時代における Webライターの仕事の探し方

ランサーズ株式会社　上野 諒一

ゴウ　ズバリ教えてください。AI が広まったことで Web ライターの仕事は減っていますか？

上野　**この質問、よくいただきます。たしかにランサーズでも、AI で対処できる単純作業の募集が減ってきているのは否めません。企業の予算削減などもあるので一概に「AI のせい」とは言い切れませんが、募集の減少への影響は無視できないですね。今後も、AI に置き換えられる低単価・単純作業系の仕事は減っていくだろうと予想しています。**

ゴウ　……ということは、「Web ライター終了のお知らせ」でしょうか？

上野　**いえ、Web ライターとして「書く力」があれば、今後も十分に仕事はあると思います。実際に、高い構成力・文章力が求められる高単価案件や、人の経験や知識を取り入れた質の高い記事を作る案件は募集が増えています。AI が一般化した今でも、ジャンルごとの知識・正誤確認・修正など、人間の力が求められることは変わりありません。**

ゴウ　なるほど。AI の文章って不自然で不確実なところもありますしね。血の通った記事を求めるなら、人の手はまだまだ必要ですね。

上野　**はい。それから、AI が広まったことで増えてきた仕事もあります。例えば、企画や台本作成、取材のような新しい仕事を Web ライターに依頼するケースです。**

ゴウ　どういうことでしょうか？

上野　AIの普及で誰もが簡単にコンテンツ制作できるようになりましたよね。その結果、コンテンツを作りたいと考える人や企業が増えているんです。ただ、いざAIに任せてみると、思ったより人の手が必要なところが出てきます。具体的には、誰に向けてなにを出すかの「企画」を考えないといけないですし、AIに作らせるコンテンツの元ネタとなる「取材」も必要です。あと、AIが出力したコンテンツの「調整・推敲」もありますね。

　こうした仕事は、これまでは「記事執筆」「コンテンツ制作」のような大きな言葉で一括りに扱われていました。ただ今は、AIが執筆や制作をやってくれるようになってきたので、その前後のタスクが１つの仕事として切り出されるようになり、結果として新しい仕事が生まれているという感じですね。

ゴウ　たしかに、Webライターの文章力は、記事だけではなく企画や取材にも活かせますね。仕事としても任せられやすそうです。

## AI普及に伴うWebライターの仕事の変化

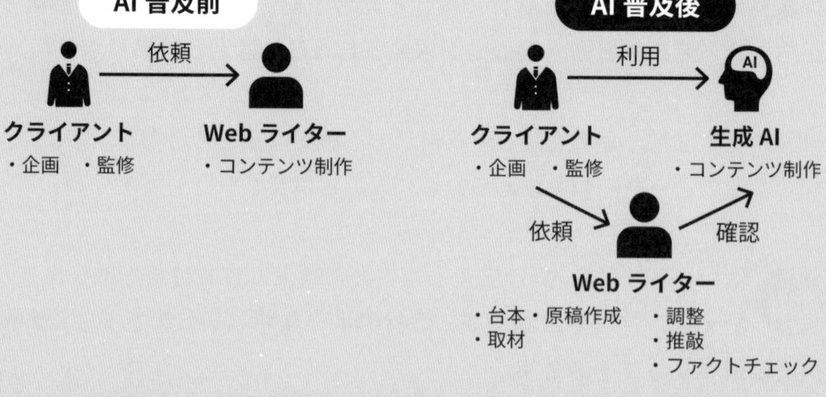

上野 **そう。あらゆるコンテンツの企画や取材、それから台本や原案の作成って、考えてみると文字 Web ライターの領域である「文章」なんです。たしかに、記事執筆は Web ライターの象徴的な仕事です。しかし、「Web ライター＝文章を書く仕事」と捉え直してみると、AI 時代でも、仕事がなくなることはないということに気がつけるはずです。**

ゴウ おっしゃるとおりですね！　ただ、いきなり企画や取材といわれても、自分がどんな仕事を任せてもらえるのかわからない Web ライターさんも多そうです。

上野 **そんなときは「私、こんなことが書けますよ」「こんなこと知ってますよ」というふうに、ご自身のスキルを売り出してみるのがおすすめです。例えば、私はランドナー（旅行用自転車のこと）が好きで日本全国回ったことがあるんですけど、この「自転車で日本一周した経験×書く力」を固有スキルとして出品して、それをクライアントに買ってもらうイメージです。**

ゴウ 自分のスキルを売る！　そんなことができるんですね！

上野 **はい。手前味噌ですが、ランサーズで「スキルパッケージ」という名前のサービスとして提供しています。**

ゴウ　Web ライター未経験、実績なしでもいけるものでしょうか？

**上野　はい、意外といけますよ。スキルパッケージは、さっきのランドナーみたいなニッチでとがった特徴でもマッチングしやすいんです。従来のクライアントの募集に応募する仕事と併用すれば、実績ゼロの初心者でも案件が獲得できている例は多くあります。**

ゴウ　それは素晴らしいですね！

**上野　応募する形式よりも成約単価が約２～３倍ほど高いのもあって、中には、月に100万円以上稼ぐ人もいます。夢はありますね。ただし、自分を商品として「販売」をするわけですから、出品したら放置で OK とは行きません。例えば、「何人、自分のスキルを見てくれたのか？」「見られないならなにが悪いのか？」「どんなふうにスキルを紹介**

**すれば良いか？」というように、マーケティング的な視点でPDCAを回す必要はあります。**

ゴウ 自分を商品にしてEコマースをするような感じですね。

上野 **そうですね。とはいえ、売り物は「自分のスキル」です。いろいろ考えるよりも前に、まずは売り出してみるのがいいと思います。売れれば注力すればいいし、売れなければ下げればいいだけですから。**

ゴウ とても勇気が出るお話をありがとうございました！　最後に、Webライターのみなさんにメッセージがあればお願いします！

上野 **Webライターのみなさんには、「書く力」を武器に、自分にしか書けないことをぜひ積極的に売り出してみていただきたいですね。スキルマーケットは新しい仕事と出会え、市場とともにチャンスを広げられる舞台でもあります。AI時代でも、変わらずたくさんの良い仕事が見つかることを願っています。**

---

**ランサーズ株式会社　上野 諒一**

2014年に新卒として同社に入社し、エンジニアとしてプロダクト企画、機能開発、新規事業の立ち上げ等に従事。2018年より仕事マッチングプラットフォーム「Lancers（ランサーズ）」の事業責任者を務める。2020年５月より最年少で執行役員に就任し、現在に至る。

著者紹介

**佐々木 ゴウ**（ささき ごう）

早稲田大学法学部卒業後、大手通信会社とIT系ベンチャーに勤務しながら副業でWebライターを始め、独立。Webライター・オンライン秘書の育成（ライター組合・秘書部）および、Webコンテンツの制作を行う株式会社Raikumiと、導入事例の取材・制作を行うdouco株式会社を設立。その後、M & AによりPXC株式会社に参画し、AIを活用したデジタルマーケティングの総合支援に取り組む。著書『デジタル時代の実践スキル　Webライティング　読者が離脱しない、共感＆行動を呼ぶための最強メソッド』（翔泳社）

**＜執筆協力＞**

大邉 勇介
土谷 みみこ
西谷 悠
脇坂 三四郎

**＜コラム執筆＞**

（１章）ナイル株式会社　青木 創平
（２章）株式会社クラウドワークス　田中 健士郎
（３章）GMOインターネットグループ株式会社　山之口 絵里
（４章）PXC株式会社　新井 裕美香
（７章）ランサーズ株式会社　上野 諒一

---

未経験から副業・起業で稼ぐ

**AI時代のWebライター１年目の教科書**

---

2024年 5 月 30日　初版第１刷発行

| | |
|---|---|
| 著者 | 佐々木 ゴウ<br>©2024 Goh Sasaki |
| 発行者 | 張　士洛 |
| 発行所 | 日本能率協会マネジメントセンター<br>〒103-6009 東京都中央区日本橋2-7-1　東京日本橋タワー<br>TEL　03（6362）4339（編集）／ 03（6362）4558（販売）<br>FAX　03（3272）8127（編集・販売）<br>https://www.jmam.co.jp/ |
| 装丁 | 合同会社 IMAGINAL |
| 本文DTP | TYPEFACE |
| 印刷所 | 広研印刷株式会社 |
| 製本所 | 東京美術紙工協業組合 |




ISBN978-4-8005-9141-8　C3034
落丁・乱丁はおとりかえします。
PRINTED IN JAPAN